세계를 품는
글로벌 리더십

서현경 금진호 김명희 김한수 김향남 정일동 공저

양 성 원

들어가며

많은 사람들이 리더십을 특정 위치나 직책에 있는 사람들만의 전유물로 생각하기 쉽다. 보통 리더십이라 하면 알듯 말듯 고개를 갸웃거리게 된다. 뭔가 거창한 회사의 CEO만이 할 수 있는 것이 리더십이 아닌가 싶고, 내가 그러한 위치에 있지 않다면 나와는 상관없는 것이 아닌가 싶은 것이다. 그러나 사람은 가족, 학교, 모임, 회사 등 여러 인간관계 속에서 살아가게 되고, 그 안에서 자연스럽게 이끌거나 혹은 뒤따르는 관계가 형성되며, 다양한 역할 속에서 리더십을 발휘하게 되는 것이다. 리더십은 조직과 개인의 성공에 있어 중요한 역할을 하게 된다. 특히 요즘처럼 빠르게 변화하는 환경에서 리더십 역량은 개인은 물론 우리가 소속되어 있는 조직과 사회의 경쟁력을 향상시킬 수 있는 핵심 포인트라 해도 과언이 아닐 것이다.

리더란 한마디로 '남을 이끄는 사람'이다. 이러한 리더가 되기 위해서는 스스로 성장할 수 있고, 더불어 남도 성장할 수 있도록 돕는 마음 자세와 행동 경험이 필요하다. 이러한 마음 자세와 경험은 향후 사회에서 역량을 발휘하는 데 밑바탕이 되기도 할 뿐 아니라, 개인의 행복한 삶에도 영향을 미치게 되니 그 중요성은 아무리 강조해도 지나침이 없다.

특히 대학생들에게 리더십은 더욱 큰 의미를 갖는다. 대학생활은 단순히 학문적

지식을 쌓는 시기가 아니라, 자신의 정체성을 발견하고, 세상을 바라보는 시야를 넓히며, 타인과 협력하는 법을 배우는 중요한 시간이기 때문이다. 이 시기에 리더십을 이해하고 실천한다면, 학문적 성취뿐만 아니라 개인적 성장과 사회적 기여라는 더 큰 목표를 향해 나아갈 수 있게 된다. 따라서 이 책에서는 리더십의 통상적인 의미를 넘어서, 대학생들이 꼭 알아야 하는 리더십의 본질적 의미를 탐구하고 적용하고자 한다. 현대사회에서 요구되는 리더십의 다양한 측면을 살펴보고, 이론과 사례를 통해 실질적인 지침을 제공할 것이다. 이를 통해 단순히 리더가 되는 것에서 그치는 것이 아니라, 진정한 리더십을 실천하며 변화와 성장을 이끄는 주체가 되기를 소망한다. 함께하는 독자들의 개인의 삶과 미래에 의미 있는 길잡이가 되기를 진심으로 바란다.

따라서 앞으로 함께할 내용에서는 리더십의 핵심적 이론뿐만 아니라 인성 역량 향상을 위한 지식과 방법을 제시하고자 한다. 1부, '리더십의 이해'에서는 리더십에 대해 이해하고 전통적 리더십과 여러 현대적 리더십을 학습하게 될 것이다. 이러한 리더십 학습을 통해 실천하는 인재로서의 역량을 기를 수 있게 될 것이며 향후 사회에서 적응적 리더십을 발휘하는데 초석이 될 것이다. 또한 2부 '리더십 행동'을 통해, 동기부여와 정서 관리 그리고 소통과 갈등을 해결하는 방법을 습득하며 성공적 대인관계를 위한 방법을 학습할 것이다. 이를 통해 자신에 대한 긍정 정서를 바탕으로 삶에 대한 긍정적인 태도와 자신감을 지니고, 소통하고 존중하여 협력적으로 관계를 형성할 수 있는 역량을 키우기 위한 실천적 방법을 터득할 수 있게 될 것이다.

독자들이 이 책과 함께하는 시간을 통해 누구보다 소중한 자신을 위한 긍정적 삶의 가치와 좋은 행동 양식을 익히게 되기를 소망한다. 또한 타인과 진실되게 감정을 공유하고 소통하며 공동체 안에서 배려와 존중의 태도를 익혀 작은 변화의 기쁨을 맛볼 수 있게 되기를 바란다.

끝으로 이 책의 출판을 위하여 응원해 주신 양성원 출판사 식구들께 깊은 감사의 마음을 전한다.

2025년 2월

저자

차 례

Chapter 01

리더십의 이해

학습목표

1. 리더십의 정의와 필요성에 대하여 학습한다.
2. 관리자와 리더에 대하여 이해한다.

Chapter 01

리더십의 이해

1 리더십의 개념

1) 리더십의 중요성

리더십은 '리더(leader)'라는 단어가 생겨나기 훨씬 전부터 동서양을 막론하고 사람들이 사는 곳 어디에나 다양한 형태로 존재했다. 예를 들어, 원시인들이 공동체를 형성한 이유는 생존을 위해 협력이 필수적이었기 때문이다. 사냥과 같은 대규모 작업을 성공적으로 수행하려면 개개인이 힘을 모아야 했고, 그 결과를 공정하게 나누어야 공동체의 안정과 지속이 가능했을 것이다. 또한, 외부 위협으로부터 공동체를 보호하기 위해 전략을 수립하고 결속을 강화할 수 있는 리더의 지휘와 통솔이 필요했을 것이며, 이러한 과정은 인간이 왜 협력하고 조직을 구성하며 리더십을 발휘하게 되었는지를 잘 보여 주는 사례이다. 이처럼 인류가 함께 어울려 살기 시작하면서 자연적으로 리더십에 관심을 두게 되었고, 이는 생존과 발전을 위한 조직 생활의 산물이라고 할 수 있다.

고대 이집트에서는 리더가 되기 위한 조건을 '입에는 단호한 권위가 있어야 하고 가슴에는 모든 것을 통찰할 수 있는 능력이 있어야 하며, 혀에는 항상 정의가 묻어 있어야 한다'고 하였다. 이 말은 리더가 갖추어야 할 자질을 핵심적으로 표현한 것으로 동서고금을 막론하고 적용될 수 있는 내용이라 하겠다.

현대사회에서 리더십은 소수의 지도자에게만 요구되는 것이 아니다. 인간은 사회적 동물이므로 태어나서 성장하며 여러 조직에 소속되어 생활해 나간다. 가정과 학교, 친목을 위한 여러 모임과 회사, 국가에 이르기까지 사람은 수많은 조직에 속하게 되며 다양한 위치와 역할에서 리더십을 발휘할 기회를 갖게 되는 것이다. 이때 조직의 성공과 실패는 어떠한 리더가 효과적인 리더십을 발휘하느냐에 따라 결정지어지게 된다.

군인이자 정치가였던 콜린 파월(Colin Powell)은 '리더의 열정과 낙관주의가 불러오는 효과는 매우 크지만, 리더가 불평을 하고 비난을 하면 조직 구성원들도 그를 따라한다'고 하며 리더 역할의 중요성을 강조했다. 또한, 세기의 경영자로 불리던 잭 웰치(Jack Welch)도 '리더십은 이 시대 최고 경영자들이 가장 먼저 신경써야 할 경영 포인트'라고 하며 기업경영에 있어 리더십의 중요성을 강조하였다.

이처럼 리더십은 조직과 개인의 성공에 있어 중요한 역할을 한다. 특히 요즘처럼 빠르게 변화하는 환경에서 리더십 역량은 개인은 물론 우리가 소속되어 있는 조직과 사회의 경쟁력을 향상시킬 수 있는 핵심 포인트라 해도 과언이 아닐 것이다.

Activity

함께해 봐요!

1. 리더의 특성

- 각자가 생각하는 훌륭한 리더는 어떤 특성을 보였는가? 역사 속 이야기나, 책, 영화, 혹은 주변 인물 등에서 리더를 한 사람 떠올려 보고, 그 리더의 특성은 어떠한 것인지를 정리하여 팀원들과 공유한다.

- 각 팀별로 리더의 특성을 10개의 키워드로 정리하여 발표한다.

- 팀들이 발표한 리더십 키워드 중 나에게 있다고 생각하는 키워드를 적는다.

2. 리더십의 정의

- 각 팀별로 다음에 대하여 토론하고 발표한다.

"리더십이란 무엇이라고 생각하는가? 그 이유는?"

"리더는 무엇을 해야 하는가?"

2) 리더와 보스의 차이

리더란 '앞선 사람, 지도하는 사람, 선도하는 사람'이란 뜻으로 다른 말로 지도자, 통치자, 통솔자 등으로 불려 왔으며 '조직의 목표를 위해 조직 구성원을 이끌어 가는 중심적인 위치에 있는 사람'이라고 말할 수 있다.

그런데 조직의 우두머리를 부르는 말로 보스(boss)라는 단어가 있다. 보스와 리더는 같은 말일까, 아니면 다른 것일까. 리더와 보스는 어떠한 차이점을 가지는지 생각해 보자.

리더와 보스는 한 조직을 이끌어 나가는 역할을 한다는 점에서는 보기에 비슷하지만 둘 사이에는 분명한 차이점이 있다. 사전적 의미에서 보스는 '실권을 쥐고 있는 책임자'를 의미하고, 리더는 '조직을 이끌어 가는 중심적인 위치에 있는 사람'을 말한다. 즉, 보스는 조직의 우두머리로 결정을 주도하고 명령을 내리는 사람인 반면 리더는 일을 직접 추진하고 행동하며 조직을 이끌어 나가는 실질적 역할을 하는 사람을 의미한다.

모든 보스가 리더가 되지는 않는다. 보스는 구성원들에게 겁을 준다. 자신은 뒤에 있으면서 구성원들에게 가라고 명령하고, 구성원들의 말에 귀를 기울이지 않고 그들을 신뢰하지 않는다. 추진하는 일에 있어서 권위에 의존하고, 성공을 자신의 것으로 돌린다. 반면에 리더는 구성원들에게 희망을 준다. 늘 솔선수범하며 자신의 약점을 숨기지 않으며, 구성원의 말을 경청하고 그들을 신뢰한다. 그리고 함께한 성과를 자신의 것으로 돌리지 않고 모두의 공으로 돌린다. 따라서 리더십 능력이 있는 보스들은 좋은 리더가 될 수 있지만 그렇지 않는 보스는 그저 직급만 높을 뿐이다.

리더(leader)	보스(boss)
리더는 앞에서 이끈다	보스는 뒤에서 호령한다
리더는 가자고 말한다	보스는 가라고 말한다
리더는 귀가 여러 개 있다	보스는 듣지 않는다
리더는 약점을 숨기지 않는다	보스는 약점을 숨긴다
리더는 희망을 준다	보스는 겁을 준다

3) 리더십의 정의와 시대적 변천

(1) 리더십의 정의

리더십(leadership)은 리더(leader)라는 단어에 십(-ship)이라는 접미사가 붙어 생긴 말이다. 우선 십(-ship)에 대해 살펴보면 우정을 뜻하는 프렌드십(friendship), 멤버십(membership) 같이 프렌드(friend)나 멤버(member)같은 기존의 단어 뒤에 붙어 앞의 단어의 상태나 조건, 역량 등 앞의 단어를 보충해 주는 역할을 한다. 리더십에서는 리더의 상태, 리더의 역할을 강조해 주는 역할을 하게 된다.

다음으로 리더(leader)라는 단어는 영어 동사(lead)의 명사형으로 리드를 하는 사람이라는 뜻이다. 리드(lead)라는 단어는 길, 경로, 혹은 배가 지나가는 경로를 의미하는 앵글로 색슨어인 '레단(ledan)'에서 왔다. 레단(ledan)은 '안내하다(to make go, to guide, to show the way)'를 의미하는 단어이다. 이 말의 라틴어 어원은 'dŭcĕre'인데 이것은 '끌다(to draw, drag, pull)'라는 뜻이다. 이 'dŭcĕre'라는 단어가 성경이나 기독교 관련 서적에서 서기 800년경에도 이미 사용되고 있었다는 것을 보면 '리드한다'는 말의 개념은 오래전부터 있었던 개념임을 알 수 있다. 다시 어원의 이해를 통해 보자면, 리더는 '길을 만들고, 가 보고, 보여 주는(안내하는) 사람(Leader is one who makes the way, goes the way, and shows the way)'이 된다.

> Leader is one who makes the way, goes the way, and shows the way.

리더에 담긴 의미

way	도착지점(사명 · 비전 · 목표 · 방향)에 이르는 길(과정 · 전략 · 방법 · 방식 · 기준 · 태도)
make	만들다, 개척하다, 창조하다, 결정하다
go	(먼저)가다, 솔선수범하다, 실행하다, 시도하다, 선행하다
show	보여 주다, 안내하다, 인도하다, (함께)가다, 희망을 주다

출처: 이재희(2016).

리더십은 시대와 사회에 따라 그 의미가 다르게 정의되어 왔다. 미국의 사회학자 스톡딜(R. M. Stogdill)은 '리더십을 정의하려고 한 학자 수만큼 리더십에 대한 정의가 있다'라고 했다. 연구하는 학자들의 제각기 다른 관점에 따라서 리더십은 수많은 이론과 정의가 존재한다는 말이다. 다음은 리더십 연구에 있어 대표적인 학자들이 리더십을 정의한 말들이다.

- **허시와 블랜차드(Hersey & Blanchard):** 주어진 상황에서 개인이나 집단의 목표 달성을 위한 활동에 미치는 과정
- **로드와 마어(Load & Maher):** 특정 개인이 다른 사람들에 의해서 리더라고 인정받는(또는 지각되는) 과정. 일정한 지위를 가지고 있어서 리더가 되는 것이 아니라 다른 사람들로부터 리더라고 인정받는 것이 중요함
- **유클(Yukl):** 집단이나 조직 구성원이 사건의 해석, 목표와 전략적 선택, 직무활동의 구성, 목표 달성을 위한 구성원의 동기유발, 협력적 관계의 유지, 구성원들의 기술과 자신감의 개발, 그리고 집단이나 조직 밖의 사람들로부터 지원과 협력의 획득 중에 영향을 미치는 과정

- **나무스(Namus):** 꿈(비전)의 제시를 통하여 추종자들의 자발적 몰입을 유인하고 그들에게 활력을 줌으로써 조직을 혁신하여, 더욱 큰 잠재력을 갖는 새로운 조직 형태로 변형시키는 과정

리더십에 대한 여러 정의를 토대로 하여 리더십을 정의하여 보자면 다음과 같다.

> "리더십이란 리더가 공동목적을 달성하기 위하여 구성원들에게 영향력을 행사함으로써 자발적 추종을 이끌어 내는 상호작용의 과정이다."

이 정의에 따르면 리더십은 공동목적과 관계지향성, 영향력, 자발성, 상호작용이라는 다섯 가지 요소를 포함한다.

키워드의 내용을 구체적으로 하나씩 살펴보자면 다음과 같다.

① **공동목적:** 리더십은 리더와 구성원 간의 공동목적(common goal)을 달성하기 위한 과정이다. 리더십은 개인과 조직에 이익이 되어야 한다.

② **관계지향성:** 리더십은 두 사람 이상으로 구성된 집단이나 조직 상황(group context)을 전제로 한다. 이는 리더와 구성원 간의 관계뿐만 아니라 구성원과 구성원 간의 관계도 리더십 성과에 영향을 미친다는 것을 의미한다.

③ **영향력:** 리더는 구성원에게 보상을 통해 영향(influence)을 미친다. 구성원들은 공헌을 통해 리더에게 영향을 미친다. 영향의 정도, 즉 영향력은 상호작용의 대상으로 리더십의 필수 요건이다.

④ **자발성:** 리더십은 리더에 대한 믿음과 기대를 토대로 자발적으로 따라가는 자발성(spontaneity)을 전제로 한다. 리더를 따르는 이유는 복종이 아닌 존경심이어야 한다.

⑤ **상호작용:** 리더십은 리더와 구성원 간의 일(이슈)과 생각, 정서를 매개로 하는 상호작용(interaction)의 과정이다. 상호작용은 시간의 흐름에 따라 변화하는 가변성을 가진다. 좋아할 수도 있고 나빠질 수도 있다. 리더십 효과를 위해서는 리더와 구성원 모두 시간 경과에 따라 진화해야 한다.

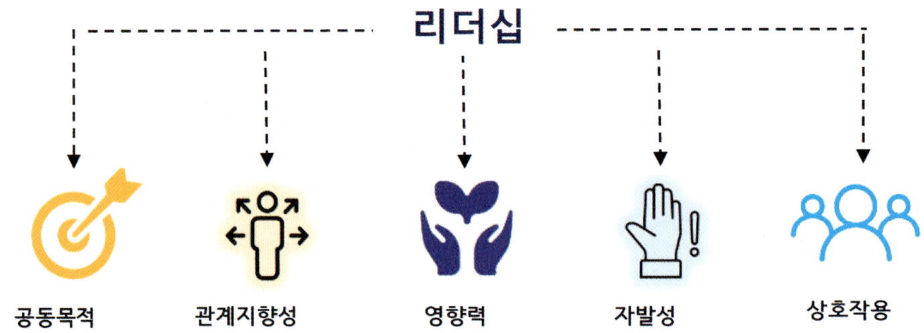

(2) 리더십 정의의 시대적 변천

리더십은 동양과 서양을 막론하고 시대적 상황과 공동체의 목적에 따라 다르게 변화하기도 하지만 인간사회에 중요한 의미와 역할을 해 왔다는 점에서는 공통점을 가진다. 수많은 역사 연구를 살펴보면 많은 문명의 흥망성쇠가 지도자의 리더십에 의해 결정되었다는 것을 알 수 있다. 따라서 리더십의 연구는 과거 리더들이 어떻게 리더십을 발현했으며, 그것을 왜 했는가를 연구하는 것이었다. 리더십에 관한 연구는 20세기가 되어서야 과학적인 연구가 시작되었는데 학자들은 어떠한 리더십이 효과적인지에 중점을 두고 리더의 특성, 능력, 행동, 영향력의 원천 그리고 상황 측면에서 연구하여 이론을 정립해 왔다. 현대적 리더십 개념의 변화를 살펴보면 시대적 특징도 이해할 수 있다. 리더십 정의의 시대적 변천을 개략적으로 정리한 내용은 다음과 같다.

리더십 정의의 시대적 변천

	강조점	대표적 정의
1900~1929년	통제, 권력행사, 복종, 충성	(Moore, 1927) '리더십이란 리더의 의지를 추종자들에게 각인시켜 복종, 충성, 협력을 이끌어 내는 능력'
1930년대	성격, 개인특성, 전인(Great Man)	(Bogardus, 1934) '한 사람의 특성과 다른 사람들의 특성이 상호작용한 결과로 사람들의 행동양식이 바뀌게 되는 것'
1940년대	집단, 설득, 자발성	(Coperland, 1942) '설득과 모범을 통해서 일단의 사람들이 일정한 행동을 따르도록 영향력을 행사하는 기술'
1950년대	관계, 행동, 효과성	(Hemphill & Coon, 1957) '집단의 활동을 공유된 목표를 향하여 이끌어 가는 개인의 행동'
1960년대	공동목표, 행동패턴, 구조화	(Gibb, 1969) '공동의 목표를 달성하기 위해서 다른 사람들의 행동에 영향을 미치는 것'
1970년대	의사결정 스타일, 상호영향(교환 거래), 귀인(인상형성, attribution)	(Hollander, 1978) '리더십이란 리더와 추종자 사이에 지속적인 거래를 포함하는 영향력 행사의 과정'
1980년대	카리스마(강한 의지, 비전), 변화 주도, 조직목표(전략)성취	(Heifetz & Sinder, 1988) '리더십이란 자기 자신의 비전이나 이슈 실현을 목적으로, 메시지를 분명히 하고, 거래적 수단을 통해서 다른 사람의 지원을 확보하여, 결과를 산출하는 것'
1990년대	혁신, 자아, 추종자	(Mans & Sims, Jr., 1990) '리더십이란 다른 사람(추종자)들이 스스로를 효과적으로 이끌도록 영향을 미치는 과정'
2000년대	신뢰, 가치, 시스템, 네트워크	(Marion & Uhl-Bien, 2001) '조직의 인적 자본과 사회적 자본의 증진을 통해서 집단 지능을 향상시켜 조직의 적응력을 극대화하는 행위'

출처: 백기복 외(2013).

2. 관리자와 리더

관리(management)란 사전적으로 '시설이나 물건의 유지, 개량 따위의 일을 맡아 함', '사람을 통제하고 지휘하며 감독함'을 의미한다. 관리자(manager)는 조직의 운영을 책임지는 사람으로, 계획 · 조직화 · 지시 · 조정 · 통제 등의 관리 활동을 통해 업무 성과를 달성한다. 관리자는 조직의 최고 결재권자에 의해 임명된 리더(assigned leader)로서 파트장 · 팀장 · 그룹장과 같이 장(長)자가 붙은 공식적 직책을 맡은 사람을 말한다.

한편 리더는 개인과 조직의 변화를 촉진하는 사람이다. 구성원들이 공식적 직위와 관계없이 특정 개인을 조직의 실질적 능력자로 인정하는 경우이다. 이는 그가 가진 전문적 지식이나 경험 · 정보 · 인맥, 존경과 같은 개인적 특성과 자질 때문에 구성원들에 의해 리더로 자연스럽게 인정된 경우이다. 이를 자생적 리더(emergent leader)라고 한다. 리더는 직위와 관계없이 누구나 될 수 있다는 말이다.

관리 능력과 리더십을 기준으로 관리자를 네 가지 유형으로 구분할 수 있다.

관리자의 유형

구분		관리능력	
		있음	없음
리더십	있음	① 관리능력과 리더십을 모두 갖춘 관리자	③ 관리능력은 없지만 리더십을 갖춘 관리자
	없음	② 관리능력은 있지만 리더십이 없는 관리자	④ 관리능력과 리더십 모두 없는 관리자

출처: 이재희(2018).

②유형의 관리자는 성과는 높으나 구성원들과의 관계문제로 인해 조직갈등 유발 가능성이 있다. ③유형의 관리자는 학습과 실행 노력을 통해 ①유형으로 진화해야 한다. 조직의 성과를 위해서는 관리 능력과 리더십 둘 다 필요하기 때문이다. ④유형의 관리자는 조직과 구성원 모두에게 손해를 끼치는데 이들이 더 위험한 이유는 자신조차도 자신의 잘못을 인식하지 못할 수 있기 때문이다. ①유형의 관리자는 좋은 관리자이면서 동시에 좋은 리더라 볼 수 있다.

코터(Kotter, 1990)는 관리와 리더십의 기능을 구분하여 제시했는데 그에 따르면, 관리의 기본 기능은 조직의 질서와 안정을 추구하는 데 비해, 리더십은 조직의 변화와 환경적응을 추구하는 활동을 추구한다. 이처럼 관리와 리더십은 다른 개념이면서 상호보완적인 기능을 한다.

관리와 리더십의 기능에 대한 비교

관리 (질서와 안정 추구)	리더십 (변화의 환경적응 추구)
계획 · 예산 • 행동기준 설정 • 일정계획 수립 • 자원 배분	**방향설정** • 비전 수립 · 전파 • 전체적 상황의 확인 • 전략 수립
조직화 · 충원 • 조직구조의 설계 • 직무 배치, 역할 · 책임부여 • 규칙과 절차의 개발	**목표를 위한 제휴 · 협력** • 목표에 의한 의사소통 • 혁신과 몰입 촉진 • 팀과 협력체제 구축
통제 · 문제 해결 • 인센티브 제도의 수립 • 창의적 아이디어의 해결책 • 시정조치	**동기유발 및 의욕(영감)의 고취** • 의욕과 활기의 고취 • 권한위임과 자율성 부여 • 구성원 욕구의 충족

출처: Kotter(1990: 3-8).

지금까지의 내용을 정리하자면 '관리'에서 중시하는 것은 '효율성(efficiency)을 증대'하는 것이다. 복잡함에 대응하기 위해 합리성을 추구하며, 이미 주어진 시스템을 잘 관리 · 감독 · 통제하는 데 관심을 두고 있다. 안정된 환경을 '지속'하는 것을 목표로 하므로 관리자는 목표 달성을 위해 계획을 수립하고 조직을 짜고 이를 실천하기 위해 지휘하고 조정하고 통제한다.

이와 반대로 '리더십'에서 중시하는 것은 변화에 빠르게 대응하기 위한 '효과성(effectiveness)을 증대하는 것'이다. 과거의 방식을 효율적으로 하는 것보다 변화무쌍한 환경에서 빠르게 대응하고 성과를 내기 위한 효과적 방식을 추구한다는 것이다. 구성원들에게 비전을 제시하고 자발적 참여를 유도하며 동기를 부여한다.

피터 드러커(Peter Drucker)는 효율성과 효과성의 차이에 대해 '주어진 일을 적은 자원으로 어떻게 빨리 해내느냐가 효율성(efficiency)이라면, 실제 성과에 직접 영향을 미치는 핵심적인 부분을 잘 해내는 것이 효과성(effectiveness)'이라고 하였다. 즉, "Do the right thing(올바르게 일하기)"이 효과성이고, "Do things right(옳은 일을 하기)"가 효율성이라는 것이다. 다시 말해 효율성(efficiency)은 단순히 비용(돈, 시간, 자원 등)을 절감하는 것에 관심을 둔다면, 효과성(effectiveness)은 효율성을 포함한 다른 모든 것들까지 종합적으로 고려하여 성과를 극대화하는 방식을 취하는 것이라 볼 수 있다.

관리자와 리더의 차이

관리자의 역할	리더의 역할	현실적 대안
조직의 질서를 중시함	질서를 깨고 변화를 추구함	변화를 추진하되 보호하고 전승해야 하는 질서는 유지, 발전시킴
단기적 안목을 중시함	장기적 안목을 추구함	장기적 효과 측면에서 단기적 대안들을 평가함
(직위에 기반을 둔) 공식적 권한에 의존함	(신뢰의 관계를 형성하는) 비공식적 영향력 행사를 중시함	공식적 권한 행사와 비공식적 영향력을 필요에 따라 적절히 분별하여 활용함
객관성 유지를 위해 팔로워들과 거리를 유지함	팔로워들과 감성적 유대를 발전시킴	감성적 유대를 강화하되 원칙은 분명히 함. (불가근 불가원(不可近不可遠))
정책을 실행하고 절차의 준수에 힘씀	공유된 가치를 중심으로 경쟁력 있는 문화를 창출함	문화적 가치 차원에서 정책의 실행과 정책의 준수가 주는 의미를 평가·공유하고 그 가치를 향상함

출처: 백기복 외(2013).

Activity

생각해 봐요

다음은 삼성의 창업주 호암 이병철과 현재의 창업주 정주영 회장의 리더십 스타일에 관한 기사이다. 아래 내용을 읽고 팀원들과 토론해 본다.

호암(湖巖) 이병철과 아산(峨山) 정주영. 각각 삼성그룹과 현대그룹의 창업자로서 조국의 산업화를 이끈 20세기 양대 경제 영웅이다. 이들을 빼놓고 한국 경제 발전사를 논할 수는 없다. 두 사람은 재계 1, 2위를 다투는 재벌 총수로서 엎치락뒤치락 선의의 경쟁을 펼쳤던 라이벌이자 동반자였다.
두 기업가는 차이점이 훨씬 많았다. 외모도, 성격도, 경영 스타일도 모두 달랐다. 그런 두 총수의 서로 다른 개성은 삼성과 현대 두 그룹 기업문화의 차이로도 나타났다. 하지만 호암과 아산은 진취적이고 도전적인 기업가의 전형을 보여 줬다는 측면에서는 도드라진 공통점을 지닌다. 얼마 전 카이스트 배종태 교수는 '한국형 기업가 정신 모델 정립에 관한 연구' 보고서를 냈다. 그 내용을 토대로 고 이병철 회장과 고 정주영 회장의 기업가 정신을 비교해 본다.

이병철 삼성그룹 창업주

호암은 감정의 동요가 거의 없는 데다 필요한 말만 하는 절제된 성격의 소유자였다. 또한 대담성과 세심함을 함께 가진 독특한 캐릭터였다. 그는 항상 단정하게 머리를 빗어 넘기고 옷차림도 깔끔하게 갖춰 입었다. 치밀하고 완벽한 성격이 외모에서도 나타난 것이다.
그는 수많은 회사들을 설립했을 뿐 아니라 대부분 사업에서 성공을 거뒀다. 그 비결은 뛰어난 사업 수완과 기업가적 사고방식에 있다. 주변의 회의적인 시각에 아랑곳하지 않고 반도체 사업에 뛰어드는 결단을 내린 것은 그의 기업가 정신을 나타내는 대표적인 사례다.
호암은 새로운 사업을 추진할 때 어설프게 요행수를 바라지는 않았다. 그 자신이 폭넓은 정세 판단을 통해 사업의 가능성이 어느 정도인지를 합리적으로 따져 본 후 신규 사업에 돌입했던 것이다.

호암은 창업도 많이 했지만 그 못지않게 인수합병을 기업 성장의 수단으로 적극 활용했다. 또한 정권에 따라 기업의 존망이 결정되는 일이 없도록 기술개발에 최선을 다했다. 핵심역량을 가져야만 여하한 외부변수에도 흔들리지 않는다는 생각 때문이었다.
호암은 후계자 선정 과정에서도 특유의 과감성과 세심함을 드러냈다. 형제간 서열보다는 그룹 경영에 누가 적합한가를 따진 것이다. 그는 또 삼남 이건희를 후계자로 결정한 후에는 전폭적인 지원을 통해 추후 벌어질 수 있는 경영권 다툼 가능성을 일찌감치 제거했다. 다른 대기업들이 경영권 분쟁으로 몸살을 앓았던 것과는 대비되는 장면이다.
호암은 경영 방식에서 강한 카리스마를 보인 적이 많았지만 한편으로는 임직원들에게 업계 최고 대우와 근로조건을 보장함으로써 자발적인 애사심을 이끌어 내는 데 성공했다. 배 교수는 호암을 전략가형이자 기회추구형의 역할모델로 분류했다. 아울러 효율성과 변혁을 추구하는 리더의 범주에 넣었다.

정주영 현대그룹 창업주

아산은 호암과 성격이 아주 대조적인 기업가였다. 그는 성질이 불같이 급하고 감정도 겉으로 표현하는 스타일이었다. 그렇다고 정주영 회장이 즉흥적인 행동주의자였던 것만은 아니다. 내면적으로는 끊임없이 생각하고 긍정적으로 사고했다.
그가 가장 중시한 덕목과 가치는 최선의 노력과 성실이다. 사람이란 근면하면 무엇이든 이뤄 낼 수 있다는 신조의 소유자였다. 아산은 스스로 사명감을 갖고 일했으며, 적극적이고 진취적인 자세로 임직원들을 독려했다. 그러다 보니 아주 세부적인 사안까지 일일이 참견하고 지시하는 것으로 비쳐지기도 했다. 하지만 위기 상황에서는 늘 자신을 직접 던짐으로써 불가능해 보이는 일도 해내는 솔선수범을 보였기에 조직 전체의 존경을 이끌어 낼 수 있었다.

아산의 적극성과 진취성, 근면성은 특유의 사업 추진력으로 나타났다. 현대건설 초기 미국 아이젠하워 대통령 숙소와 미군 병사 10만 명의 임시 숙소를 건설하는 대공사나 첫 해외 사업이었던 태국 파타니 나리티왓 고속도로 공사, 그리고 경부고속도로 건설 등은 모든 열악한 여건을 뚫어 낸 그의 추진력과 결단성의 대표적인 사례들이다.

특히 현대중공업 설립 초기에 거북선이 그려진 우리 지폐와 조선소가 들어설 울산 미포만 갯벌 사진만으로 유조선 2척을 수주했던 일화는 그의 유명한 성공 스토리이자 한국 경제발전의 험난했던 노정을 단적으로 드러내는 사례다.

그는 기업인 대표로 서울올림픽 유치위원회 민간추진위원장을 맡아 올림픽 유치에 결정적인 기여를 하는가 하면 말년에는 금강산 · 개성 관광 등 대북사업에 혼신을 다해 남북 화해 무드에 앞장서기도 했다. 배 교수는 "아산이 근면성실의 리더십으로 한국 경제발전 신화를 이룩하는 데 지대한 공헌을 했던 것은 누구도 부인할 수 없는 사실"이라고 말했다.

배 교수는 정주영 회장의 역할모델 역시 '전략가형, 기회추구형, 효율과 변혁 추구의 리더'로서 이병철 회장과 같은 범주로 분류했다. 역시 '극과 극은 통한다', '정상에 선 사람은 공통점이 있다'는 일반 통념이 딱 맞아떨어지는 경우라고 할 수 있겠다.

출처: 조선비즈(2010.01.22.).

토론주제

① 고 이병철 회장과 정주영 회장의 리더십 차이는 무엇이라 생각하는가?

이병철	정주영

② 한 사람이 백 사람을 이끌 수 있는 비결은 무엇이라 생각하는가?
(1983년 영국 캠브리지 대학 입학시험 에세이 문제)

Activity

함께해 봐요!

나의 리더십 성향

- 다음은 자신의 리더십 성향(Leadership Orientation)을 알아보기 위한 질문이다. 각 항목에 대해서 귀하를 가장 잘 묘사하고 있는 정도에 따라 4, 3, 2, 1로 순위를 매기시오.

① 나에게 있어 가장 강한 점은

( ) a. 분석력
( ) b. 대인관계기술
( ) c. 정치적 기술
( ) d. 연출기술

② 나를 가장 잘 설명하고 있는 것은

( ) a. 기술전문가
( ) b. 경청을 잘하는 사람(good listener)
( ) c. 협상가
( ) d. 영적 지도자

③ 나의 오늘을 있게 하는 데 가장 많은 도움을 준 능력은

( ) a. 훌륭한 의사결정을 할 수 있는 능력
( ) b. 다른 사람을 코치하고 개발하는 능력
( ) c. 다른 사람들과 연대하여 힘을 구축하는 능력
( ) d. 다른 사람들을 고취시키는 능력

④ 다른 사람들의 나에 대한 평가는

( ) a. 일을 할 때 세세한 내용(detail)에 강한 사람

( ) b. 다른 사람들을 배려하는 사람

( ) c. 갈등이나 반대가 심해도 일을 잘 해결하는 사람

( ) d. 카리스마가 있는 사람

⑤ 나의 가장 중요한 리더십 특성은

( ) a. 명확하고 논리적으로 사고하는 리더

( ) b. 다른 사람들을 돌보고 지원하는 리더

( ) c. 강하고 공격적인 리더

( ) d. 상상력과 창의력이 풍부한 리더

⑥ 나를 가장 잘 표현한 것은

( ) a. 분석가

( ) b. 휴머니스트

( ) c. 정치인

( ) d. 비전형 리더

채점

다음과 같이 계산한다.

〈A〉 1에서 6번까지 a 항목의 점수를 합한 값 = ( )

〈B〉 1에서 6번까지 b 항목의 점수를 합한 값 = ( )

〈C〉 1에서 6번까지 c 항목의 점수를 합한 값 = ( )

〈D〉 1에서 6번까지 d 항목의 점수를 합한 값 = ( )

➡〈A〉의 점수가 제일 크면, 엔지니어형 리더

➡〈B〉의 점수가 제일 크면, 서번트형 리더

➡〈C〉의 점수가 제일 크면, 정치가형 리더

➡〈D〉의 점수가 제일 크면, 스타형 리더

적용

(1) 자신과 같은 스타일의 사람을 찾아 서로 자신의 리더십 경험을 나눈다.

(2) 자신과 다른 스타일의 사람들과 서로의 스타일이 어떤 차이가 있는지 말해 본다.

(3) 나의 리더십 특징 3가지를 적고, 각각의 장단점을 적는다.

나의 리더십 특징		나의 리더십 특징		나의 리더십 특징	
장점	단점	장점	단점	장점	단점

Chapter 02

특성이론

학습목표

1. 전통적 리더십 중 특성이론에 대하여 학습한다.
2. 특성 연구 중 성격에 대하여 학습하고 자신에게 해당하는 유형을 알아본다.

Chapter 02

특성이론

1. 특성이론

1) 전통적 리더십 이론의 발전 과정

리더십에 대하여 깊이 있게 생각해 보지 않은 사람이라 하더라도 리더십과 관련된 사람을 떠올리라고 하면 이순신이나 나폴레옹, 세종대왕, 링컨, 예수, 간디 등 군사적 영웅이나 정치적, 종교적 인물들을 떠올릴 것이다. 이들은 많은 사람을 이끌고 지도했고 커다란 업적을 남긴 사람들이다. 우리가 리더십이라고 할 때 이들을 떠올리게 되는 것은 리더십이라는 단어가 오랫동안 많은 사람을 이끌고 지도했던 특별한 사람들이 그들을 따르던 추종자들을 고취해서 위대한 업적을 만드는 과정을 의미했기 때문이다.

그러나 사회가 변화되면서 리더십의 의미에서도 변화가 생겨나 현대 사회에서는 리더십에 역할적 측면이 더 강조되어 가고 있다. 과거에 해 왔던 지휘와 명령의 방법으로는 민주적이고 합리성을 추구하는 조직 구성원들을 이끌 수 없게 된 것이다. 따라서 현대의 리더들은 복잡하고 빠르게 변하는 외부 상황에 대응하여, 개인적 가치를 중시하는 조직 구성원들과의 상호작용을 통해 조직의 목표와 성과를 달성하는 리더십을 발휘하는 것에 중점을 두었으며 리더십 연구도 그러한 흐름에 따라 변화되었다.

리더십 이론의 발전 과정을 정리해 보면 크게 전통적 리더십과 현대적 리더십 이론으로 구분할 수 있다. 전통적 리더십은 1940년~1980년대까지 등장한 이론을 말하며, 1980년대 이후의 리더십 이론을 현대적 리더십 이론으로 분류한다.

리더십에 대한 초기 연구에서는 리더 개인이 가진 신체적, 성격적 특성을 연구하는 특성이론(trait theory)을 배경으로 한 연구가 주를 이루었다. 특성이론에서는 리더를 타고 나는 것으로 본다. 이 이론은 성공적인 리더의 신체적 능력, 성격 등의 능력과 자질을 연구한 이론이라 할 수 있다.

그러나 연구 결과로 나타난 특성들이 보편적으로 적용되지 않는다는 비판과 함께 행동이론(behavioral theory)이 나타나게 된다. 행동이론은 리더와 추종자의 관계에 초점을 맞추고 리더의 어떠한 행동이 가장 효율적으로 조직의 유효성을 높이는가를 찾아내려 하였다.

이후 사회가 복잡해지고 빠르게 변화하면서 조직의 성과 혹은 효율성을 높이는데 상황에 따른 리더십을 발휘하는 것이 적합하다는 상황이론(situational theory)이 주목받게 된다.

이러한 고전적 리더십 이론의 발전 과정을 정리하면 다음과 같다.

1940년대
특성이론
(Trait Theory)

'리더십은 타고 나는 것'
효과적인 리더는 일련의 특성을 가지고 있다는 전제하에 지성, 성격, 신체적 특성 등 개인 특성을 탐색

1950~60년대
행동이론
(behavioral theory)

'효과적인 리더의 행동특성'
리더십 유효성은 리더의 행동에 따라 달라지며 리더십은 개발될 수 있음

1970~80년대
상황이론
(situational Theory)

'상황 별 적합한 리더의 특성 또는 행동'
상황에 따른 효율적 리더십 유형에 관한 연구

2) 특성이론

리더십에 대한 관심은 위대한 리더나 영웅에 대한 탐구에서부터 시작되었다. 초기 특성이론은 리더는 만들어지는 것이 아니고 태어나는 것이라는 관점에서 출발한 것이다. 위인(the great man)은 보통사람과 다른 무엇이 있을까, 다르게 타고난 자질은 무엇인가에 대한 궁금증을 해소하기 위해 훌륭한 위인들을 연구 대상으로 하여 그들의 특성을 계량적으로 측정하기 위해 노력하였다. 이러한 특성이론은 1920년대~1950년대에 발달한 심리검사 기술에 의해 더욱 촉진되었고 이후 리더십 특성은 타고 나는 면도 있지만, 경험과 학습을 통해 습득될 수 있다는 사실이 받아들여지면서 보다 성숙한 특성이론으로 발전된다.

여기서 특성(trait)이란 한 개인이 가지고 있는 성격, 기질, 욕구, 동기, 가치관 등의 성격적 특성과 심리적 특성 및 심리적 기술을 통합한 한 개인의 특징을 구성하는 요소들을 말한다. 특성은 한 사람이 여러 상황에 걸쳐 일관성 있고 체계화된 방식으로 반응하고 행동하게 하는 원인으로 작용한다. 이러한 특성은 유전적인 요인과 경험으로 형성되는 것으로 장기간에 걸쳐 만들어지므로 쉽게 변하지 않는다. 또한, 특성은 사람마다 가지고 있는 특성 요소가 제각기 다르며 이러한 개인차가 각 개인의 독특한 개성을 만들게 된다고 할 수 있다.

스톡딜(1948, 1979)은 특성이론 연구 결과에 대한 종합 분석을 두 차례에 걸쳐 실시하였는데 그는 리더의 특징으로 다음과 같은 것들을 들었다.

- **신체적 특징:** 연령, 키, 체중, 외모 등이 요소지만 큰 영향을 주지 못한다.
- **사회적 배경:** 교육 정도, 이동성, 사회적 지위, 가정배경 등이 요소이며 사회·경제적 신분이 중요한 요소로 파악된다.
- **지능과 능력:** 판단력, 결단력, 설득력 등에서 많은 차이점이 있다.
- **성격(personality):** 리더십과 밀접한 관계가 있으며 성공하는 리더의 특성으로 적응성, 강한 신념, 독립성, 객관성, 자신감, 지배성, 창조성, 기민성, 조정력, 추진력, 열성, 외향성, 긴장에 대한 지구력 등이 있다.
- **업무-관계 특성:** 성취 욕구와 책임 욕구 등이 중요한 리더십 요인이다.
- **사회적 특성:** 적극적인 대인관계 능력이 가장 필요하다.

그 외에 특성이론을 배경으로 연구한 학자들의 리더십 연구 대상을 다음과 같이 정리하였다.

연구 차원	연구 대상
신체 특성	연령, 신장, 체중, 용모
성격 특성	독립성, 자신감, 지배 욕구, 공격성
사회적 배경	교육수준, 신분, 사교성, 거주지, 출신지
지능	판단력, 결단성, 표현력
인간관계 능력	관리력, 협조성, 사교력, 청렴성
업무 능력	성취 욕구, 솔선수범, 책임감, 목표 지향성

여러 리더십 특성과 리더십 효과성과의 관계를 살펴보면 다음과 같다.

- **높은 상관관계:** 독창성, 인기, 사교성, 판단력, 적극성, 유머감각, 활동성, 출세욕구, 협조성, 운동능력
- **낮은 상관관계:** 나이, 키, 체중, 체격, 기력, 외모, 지배성, 분위기, 통제력
- 특수한 상황에서 그 상황에 적합한 리더의 특성이 있다. 예를 들어, 청소년폭력집단의 리더는 신체적 능력, 용맹성이 특성이 되고, 육군 소대장에게 필요한 특성은 신체적 특성, 충성심, 지적능력 등이 된다.

특성이론적 연구는 효과적인 리더가 되기 위한 특성을 밝혀내어 객관적인 근거를 제시했다는 것에 의의가 있다. 이는 현재 많은 기업과 조직에서 잠재력 있는 인재의 선발과 채용, 훈련에 있어 기준으로 활용되고 있기도 하다. 그러나 초기의 특성이론 연구에서 제시한 특성 요인들이 매우 많고 관리가 어려운 점, 그 우선순위를 매길 수 없는 점, 무엇보다 리더의 특성은 상황적 요인에 따라 다른 결과로 연결될 수 있는 점 등이 한계로 드러났다.

2. 특성 연구: 리더의 성격

리더의 특성과 관련된 또 다른 접근법은 리더의 성격이 리더십에 끼치는 영향을 연구하는 것이다. 리더의 성격과 리더십에 관한 연구에는 통제 소재(locus of control), MBTI 성격유형, 빅 파이브(Big five) 성격 요인, 마키아벨리즘 성향 등에 기반한 연구들이 있다.

1) 통제의 소재

통제 소재(Locus of Control)란 '개인이 자신을 둘러싼 사건을 통제해서 영향을 미칠 수 있다고 믿는 정도'로 사회심리학자 질리안 로터(Jilian Rotter, 1954)에 의해 고안된 개념이다. 로터는 인간의 성격을 설명하는 개념으로 통제 소재를 제안하였다. 로터는 통제의 소재(locus), 즉 통제의 위치가 어디에 있는가에 따라 삶을 다르게 산다고 보았다. 통제력이 내부에 있는지(internal locus of control), 아니면 외부에 있는지(external locus of control)의 관점에 따라 삶의 태도가 달라지고 그것이 성격 경향을 반영한다는 것이다. 쉽게 드는 예가 시험에 관한 것이다. 내가 시험을 잘 못 보았을 때 내가 시험 준비를 잘 하지 않았기 때문이라고 생각한다면 통제의 소재가 내부에 있는 것이 되고 교수가 시험 문제를 어렵게 냈다거나 시험 제도가 잘못되었기 때문이라고 본다면 통제의 소재가 외부에 있게 된다. 이렇게 통제 소재를 내부 통제 소재를 주로 쓰는 사람을 내부 통제자, 외부 통제 소재를 주로 쓰는 사람을 외부 통제자라고 칭한다.

내부 통제자(internal locus of control)는 자신에게 일어나고 있는 일에 대하여 그 원인을 자신에게 돌리려고 하고 삶을 스스로 통제할 수 있다고 본다. '자신이 운명의 주인이다'라고 생각하며 일상생활에서 당면하는 상황을 자율적으로 통제할 수 있다고 보는 것이다. 내부통제의 성향이 있는 사람들은 동기 수준이 높고, 더 적극적으로 문제 해결을 하며 미래지향적이라고 할 수 있다.

반면 외부 통제자(external locus of control)는 기회나 운에 의해 삶이 통제된다고 믿으며, 일에 대한 주도성이 약하다. 이들은 스스로 문제를 해결할 수 없다고 생각하기 때문에 타인에게 의지하거나 일의 원인을 다른 사람에게서 찾는다. 이들은 주로 외적인 자극, 즉 보상이 있어야 움직인다. 자신을 운명의 노예라고 생각하게 되고 자신의 운명과 삶의 결과는 외부요인, 즉 기회나 운, 상황에 의해 결정되며 자기 자신은 아무런 힘이나 영향력이 없다고 보는 것이다.

위의 시험 예에서 통제 소재가 내부에 있게 된다면 시험을 잘 보기 위해 시험 준비를 더 한다든지 자신이 노력하게 되는 결과를 빚게 될 것이고 통제 소재가 외부에 있다면 교수로 하여금 시험 문제를 쉽게 내게 하거나 시험 제도를 바꾸기는 어려우므로 어떻게 할 수 없다는 결론을 내리게 될 것이다.

리더십과 관련하여 생각해 보면 내부 통제 소재를 가지는 내부 통제자가 리더로서 적합하다는 것은 직관적으로 생각해 볼 수 있다. 또한, 리더뿐 아니라 리더십의 대상인 조직원에 대해서도 통제 소재를 적용해 볼 수 있다.

각각의 성격에 따라 적합한 업무도 차이가 나는데 내부 통제자에게는 복잡한 정보처리가 필요하거나 고도의 훈련이 요구되는 업무가 적합한 반면, 외부 통제자는 단순 반복적이고 쉽게 습득이 가능한 업무가 적합하다. 내부 통제자는 자신이 주도적으로 결정하는 업무나 혼자 수행하는 업무에서 유능성을 발휘하고, 외부 통제자는 상사나 동료가 주도하는 업무와 자신은 따르기만 하는 업무를 더 선호할 수 있다.

2) MBTI 성격유형

(1) MBTI란

최근에 널리 알려져 인기를 끌고 있는 MBTI는 정신의학자이며 분석심리학을 창시한 칼 융(Carl G. Jung)에 의해 그 기본 개념이 만들어졌다. 융은 인간은 선천적으로 어떤 경향성을 가지고 태어나며 그 경향성은 환경의 여러 형태의 자극들과 상호작용하면서 그 사람의 독특한 성격의 유형 체계가 형성된다는 심리유형론을 내놓았다. 융은 정신 기능과 사람들이 선호하는 태도를 이해한다면 종잡을 수 없는 행동도 예측 가능하다는 점을 주장하였다. 미국의 캐서린 브릭스(Katharine C. Briggs)와 그의 딸, 이사벨 브릭스 마이어스(Isabel B. Myers)가 융의 이론을 바탕으로 오랜 기간(1900~1975) 연구 발전시켜 만든 것이 오늘날 널리 알려진 MBTI(Myers-Brigs Type Indicator) 검사이다.

외향성 (E)
폭 넓은 활동력

에너지 방향

내향성 (I)
깊이와 집중력

- 혼자 있는 것보다 함께 있는 것을 좋아함
- 활동적, 적극적, 목소리가 큼
- 말을 많이 하다 보니 실수도 많이 함
- 친구가 많다. 한 번 본 사람은 다 친구
- 행동해 놓고 생각, 자신을 쉽게 드러냄

- 자기 혼자만의 시간을 갖는 것을 선호
- 먼저 말은 못 꺼내는데 누가 먼저 말 걸면 호응
- 나서기 싫어하지만 시키면 함
- 침착, 신중, 소심
- 함부로 친구라 얘기하지 않음

감 각 (S)
실용성과 현실감각

정보수집

직 관 (N)
비전과 통찰력

- 미래보다 지금 현재에 초점을 둠
- 사실적, 세부적 사건 묘사
- 오감을 통해 정보 습득
- 세부적인 것에 치중하느라 전체를 못 봄
- 창작보다 응용이 더 좋음

- 미래, 가능성에 초점을 둠
- 비유적, 암시적 묘사
- (직관)통찰을 통한 정보 습득
- 큰 그림은 잘 그리나 세부적인 것을 못 봄
- 새로운 방식 일처리 선호

사 고 (T)
논리와 분석력

판단과 결정

감 정 (F)
인화력

- 머리로 분석해서 이해하고 결정
- 옳고 그름이 기준
- 합리적, 객관적, 공정성, 과업 중심
- 자기 감정 내보이는 것은 어색
- 비논리적인 사람들 싫어함

- 관계 중심, 사람 중심
- 논리적으로 옳아도 마음이 싫으면 "No!"
- 공감과 칭찬이 중요
- 일관성 약함. 상황 설명 후 결론 내림
- 논리 싸움은 백전 백패

판 단(J)
조직과 추진력

⟷ 생활양식 ⟷

인 식(P)
수용과 적응력

- 체계적, 정리정돈과 계획 선호
- 분명한 목적 의식과 방향 감각
- 결정 내리는 것 좋아함
- 예정되지 않은 돌발 상황 싫어함
- 스케줄 짜는 것 좋아함

- 자율적, 상황에 맞추는 개방성
- 목적과 방향은 변경 가능
- 일하는 것도 노는 것처럼
- 반복적 일상 재미 없어함
- '사람 사는 세상에 좀 늦을 수도 있지'

(2) MBTI와 리더십

• ISTJ – 세부 지향 리더

ISTJ는 조용하고 신중한 리더이다. 그들은 일관되고 정직한 리더십을 발휘한다. 자신이 이끄는 사람들이 명확한 방향, 논리적인 행동 계획을 하고 있는지 확인하려 한다. ISTJ형 리더는 계획의 정확함, 상세함, 사실을 확인하는 데 시간을 쓰며, 결정을 내릴 때 사실과 세부 사항에 초점을 맞추어 장단점을 살펴보며 객관적이고 공정히 하려 노력한다.

> **개선점:** ISTJ는 문제의 세부 사항에 사로잡혀 큰 그림을 보지 못할 수 있다. 팀원의 감정과 욕구를 고려하는 것을 어려워할 수 있다. 재치와 공감을 보완하면 도움이 된다.

• ESTJ – 결정하는 리더

ESTJ는 객관적이고 효율적이며 공정한 리더이다. 외향적 사고유형이라 어려운 결정을 내리고 팀을 조직하여 작업을 신속하게 완료하는 데서 기쁨을 얻는다. 실용적, 합리적, 현실적이다. 사람들과 협력하고 팀으로서 목표를 세우는 것을 즐긴다. 결정을 내릴 때 사실, 장단점, 가장 논리적인 프로세스를 중시하고 실용적이고 명확한 방향을 찾아 이를 고수한다.

개선점: 다른 사람들의 작업 스타일, 감정 및 차이점에 대해 '압박'하지 않도록 주의해야 한다. 일의 결정이 사람들에게 개인적인 방식으로 영향을 미치는 것을 무시할 수 있다.

- ISFJ - 사려 깊은 리더

헌신적이고 양심적인 리더이다. 정리된 상태를 유지하고 마감일을 지키며 팀을 돌보는 방법을 알고 있다. 업무 수행뿐 아니라 그룹 내에서 조화가 유지되도록 주의를 기울일 것이다. 관대하고 사려 깊고 세부적인 리더로서, 구체적인 지시를 내리고, 기대가 명확하다. 자신의 개인적 욕구보다 팀의 필요를 우선시하는 경우가 많다.

개선점: ISFJ는 목표를 유지하는 데 능숙하지만 "큰 그림"을 보거나 효과적인 전략 세우기가 어려울 수 있다. 대립을 피하려고 결정을 내리기 어려울 수도 있다.

- ESFJ - 관대한 리더

ESFJ는 고무적이고 카리스마가 있으며 열심히 일하는 리더이다. 사람들과 크게 공감하고 그 공감과 연민을 사용하여 사람을 돌보고 그들의 말을 들으려 한다. 팀과 공동의 목표에 전념하고 시기적절하고 효율적인 방식으로 일한다. 위기 시에 자신을 돌보기보다 다른 사람들을 돕고 지원한다. 친절하고 명확하게 이끌며 배려심이 많고 업무 지향적인 사람이다.

개선점: 외교 전문가이지만 전략 및 장기 계획에 어려움을 겪을 수 있다. 단기 작업 완료와 실용적 계획에 능숙하지만, 장기적 목표를 위해 전략적 위험을 감수하는 것은 도전이다.

• ISTP - 전술적 리더

ISTP는 조용하고 관찰력이 뛰어나며 효과적인 리더이다. 개방적이고 편안하며 성공을 위한 현실적인 계획, 전술에 중점을 둔다. 혼자 일하는 것을 좋아하고 최소한의 노력으로 목표달성에 효과적인 방법을 찾고자 한다. 적응이 뛰어나고 위기에 냉정하며 문제 해결에 탁월하다.

개선점: ISTP는 현재 문제를 해결하는 데 능숙하지만, 미래에 대한 장기적인 비전이나 계획을 보는 데 어려움을 겪을 수 있다. 다른 사람들의 감정적 필요를 무시할 수 있다.

• ESTP - 두려움 없는 리더

ESTP는 카리스마 있고 효과적이며 재미를 사랑하는 리더이다. 기회를 보고 그것을 빨리 활용하는 데 탁월하다. 숙련된 문제 해결사이자 영감을 주며 유머를 잘 쓴다. 즉석에서 문제를 해결하고 용기와 낙관으로 역경에 대처하는 데 능숙하다. 결정을 내릴 때 가능한 한 논리적이 되려고 한다. 다른 사람에게 동기를 부여하고 사기를 유지하는 방식으로 계획을 제시하는 방법을 아는 경향이 있다.

개선점: 기회를 빨리 포착하지만, 장기 비전에 도달하는 데 어려움을 겪는 경우가 많다. 미래에 대해 많이 생각하는 것을 좋아하지 않는 경향이 있고 계획에 싫증을 낼 수 있다.

• ISFP - 섬세한 리더

겸손하고 온화하며 자비로운 리더이다. 좋은 경청자이고, 조용히 팀을 이끌어 간다. 어렵고 소외된 사람을 돕는 대의에 잘 움직인다. ISFP는 결정을 내릴 때 먼저 그 결정이 그들의 양심과 가치와 어떻게 일치하는지 고려하고, 그다음 사람에게 미칠 영향을 생각한다.

개선점: 엄격한 규칙과 기한으로 온종일 사무실에 갇혀 있으면 좌절감을 느낄 수 있다. 해내야 하는 일이 많을 때, 타인의 기대에 부응해야 하는 일을 힘겨워 한다. 목표 달성에 논리적 객관적 방법을 찾는 것, 직원에게 힘든 소식을 전하는 것이 어렵다.

- ESFP – 카리스마 리더

ESFP는 매우 재미있고 영감을 주는 리더이다. 팀의 요구 사항에 적합하며 정직과 연민으로 이끌어 간다. 새로운 기회를 좋아하고 변화에 빠르게 적응한다. 팀원을 격려하며 순간을 활용하는 방법을 안다. 결정에 대해서는 결과의 현실적인 면과 흥미를 고려한다.

개선점: 해야 할 일이 많은 것에 압도되는 것을 좋아하지 않는 자유로운 영혼이다. 자신의 가치관이나 사람에 대한 연민이 있지 않다면 장기적 헌신을 어려워한다. 결정이 사람들에게 미칠 영향을 염려하여 의사 결정에서 객관성을 유지하는 데 힘들어한다.

- INTJ – 전략적 리더

INTJ는 비전, 합리성 및 결단력으로 앞서간다. 직관에 따라 미래 목표에 대한 전략적 경로를 본다. 지시, 위임, 계획에 능하며 성공에 대한 강한 의지가 있다. 결정이 미래에 어떻게 진행될지를 고려하며 효율적이고 논리적인 행동을 생각한다.

개선점: 자신의 시야에 사로잡혀 중요한 세부 사항을 보지 못할 수 있다. 직관이 우세하여 감각형에게 동기를 부여할 때 말로 자신의 비전을 표현하는 것을 어려워할 수도 있다.

- **ENTJ - 독단적인 리더**

ENTJ는 자신감, 전략적 통찰력, 결단력을 가지고 리드한다. 직설적이고 야심 찬 리더로서 팀원에게 자신감을 불어넣는다. 선견지명으로 주변에 영감을 주며 합리적인 논리와 빠른 결단력으로 일을 해 나간다. 의사 결정에 논리적인 것, 빠르게 작용하는 것, 장기적으로 가장 효과적으로 작동하는 것에 초점을 맞춘다.

> **개선점:** 객관적이고 신속하게 일 처리를 하려다 타인의 감정과 생각을 간과할 수 있어 타인의 감정과 필요를 고려하기 위해 노력해야 한다. 비전에 집중하여 세부를 놓칠 수 있다.

- **INTP - 틀에 얽매이지 않는 리더**

INTP는 정확성과 지식, 개방적인 호기심으로 팀을 이끈다. 팀원들에게 문제에 대한 해결책을 창의적으로 찾을 수 있는 자유를 주는 것을 좋아한다. 통찰력과 전략적 사고를 통해 상황을 파악하고 문제 해결법을 찾아낸다. 미래에 대한 강한 비전을 가지고 있으며, 자연스럽게 사람들을 그 비전으로 인도하려고 노력한다.

> **개선점:** 복잡한 상황에서 많은 일정과 변경에 대처하는 것에 지칠 수 있다. 창의적으로 생각할 여지를 가지고 뒤에서 주도하는 것을 좋아한다. ESFP ESFJ 파트너가 도움이 된다.

- **ENTP - 혁신적인 리더**

ENTP는 진취적이고 전략적이며 경쟁적인 리더이다. 기업가 정신에 대한 요령을 가지고 있으며 도전하고 지속적으로 성장하려 한다. 자신의 비전에 집중하고 항상 앞으로 나아가고 실험하고 새로운 것을 시도한다. 잠재적 어려움을 파악하고 위기상 문제 해결에 능숙하다.

> **개선점:** 마음에 떠오르는 아이디어와 가능성 때문에 의도하지 않게 팀원을 과

로하게 할 수 있다. 팀원과 논쟁을 벌이거나 경쟁적으로 되기도 하고 본의 아니게 사람을 화나게 하거나 아이디어를 강압적으로 밀어붙일 수 있다.

- INFJ – 통찰력 있는 리더

INFJ는 열정적이고 통찰력이 있으며 비전이 있는 리더이다. 인도주의적 명분이 있는 일에서 종종 리더를 한다. 비전에 있어서 전략적이며, 미래의 목표를 고대하고 거기에 도달하기 위한 혁신적인 방법을 찾는다. 자신에게는 완벽주의를 요구하지만, 팀원은 격려하고 동기를 부여한다.

개선점: 리더로서 일 중독자가 되거나 너무 완벽한 표준에 밀어붙여 자신을 소진할 수 있다. 자신의 비전을 순차적 단계와 간단한 과정으로 제시하는 것을 어려워하기도 한다.

- ENFJ – 열정적인 리더

카리스마 있고 이해력이 있으며 동기를 부여하는 리더이다. 팀을 격려하고 모범을 보이며 세상을 더 나은 곳으로 만들고자 한다. 조직적이고 목표 지향적이며 항상 미래를 주시하고 팀이 함께 일하도록 동기를 부여한다. 규율을 중시하지만, 사람들의 마음을 이해하는 데도 관심이 많다. 팀과 어려움을 함께하는 것을 두려워하지 않고 함께 열심히 일한다.

개선점: 갈등을 싫어하고 비판을 피한다. 그로 인해 부정적인 상황을 오래 미루다 상황이 악화될 수 있다. 종종 팀의 ISTJ나 ISTP, INTP, INTJ로부터 도움을 받을 수 있다.

- INFP – 성실한 리더

열정적이고 배려하며 공감하는 리더이다. 자신이 중시하는 인간적인 대의를 위해 리더가 되기도 한다. 계획에 있어 매우 혁신적이며 다양한 관점을 듣기 위해 열린 마음을 가지고 있다. 훌륭한 경청자이자 격려하는 리더이고 자신이 추구하는 일에 열정적이다. 무엇보다 INFP 리더는 사람들을 위해 세상을 개선하기를 원한다.

개선점: 비판이나 갈등을 다루는 데 어려워한다. 비판을 받을 때 개인적으로 받아들여 힘들어할 수도 있다. 많은 마감일에 서둘러야 할 때 압박감을 느낄 수 있다.

- ENFP – 영감을 주는 리더

ENFP는 상상력, 비전, 열정으로 앞서간다. 세상을 변화시킬 많은 혁신적인 방법을 찾는 수완이 많은 리더이다. 주변에서 보는 아이디어와 가능성으로 다른 사람들을 격려하고 고양시키며 영감을 준다. 팀원 자신만의 창의적인 방식으로 일할 자유를 주는 것을 즐긴다.

개선점: 아이디어가 많아 아이디어의 우선순위를 정하는 데 어려움을 겪을 수 있다. 자신이나 팀을 과로하게 만들거나 프로젝트를 마무리하는 데 어려워하기도 한다. 비전에 너무 집중한 나머지 주의를 기울여야 하는 중요한 사실을 놓칠 수 있다.

3) 빅 파이브 모형(Big Five Model)

(1) 빅 파이브(Big Five)란

빅 파이브(Big Five) 모델은 인간의 성격을 5가지의 상호 독립적인 요인들로 설명하는 성격심리학적 모형으로 심리학자 폴 코스타(Paul Costa Jr.)와 로버트 매크레이(Robert R. McCrae)가 개발했다. 다수의 실증 연구에서 측정 항목의 타당성과 신뢰성이 입증되어 많은 학자들에 의해서 널리 사용되고 있으며, 신경성(Neuroticism), 외향성(Extraversion), 개방성(Openness to experience), 성실성(Conscientiousness), 친화성(Agreeableness)의 5개 요인으로 구성되어 각각의 요인을 지니고 있는 다섯 가지 성격(personality)으로 구분하였다. Big Five를 측정하기 위해 가장 높이 평가되는 표준 테스트는 NEO라고도 하는 Costa와 McCrae의 NEO PI-R이다. 피어스 하워드와 제인 하워드(Pierce Howard & Jane Howard, 2000)는 직장 언어를 포함하는 질문과 보고서를 특징으로 하는 WorkPlace Big Five ProFile(WB5P)을 만들었다.

N = 안정성에 대한 욕구, 부정적인 감정, 신경증
E = 외향성, 긍정적인 감정, 사교성
O = 독창성, 개방성, 상상력
A = 친화성, 적응성, 적응성
C = 통합, 성실성, 성취하려는 의지, 목표 지향적

- **신경성(Neuroticism)**

정서적 안정성과 대조를 이루며 불안, 적대감, 우울, 자의식, 충동성, 심약성, 스트레스 민감성의 하위요인을 갖고 있다. 이러한 부정적 감정을 자주 경험하는 경우 불안하고 감수성이 예민하며 건강에 대하여 걱정하기 쉽다.

N+ 높은 신경증: 민감함. 우울 불안 걱정. 팀의 상태를 표현하는 팀의 바로미터가 되기도 함.

N= 중간 신경증: 반응적이며 일반적인 상황에서는 침착하며 안정적이고 꾸준하다.

N- 낮은 신경증: 유연함. 탄력성. 스트레스에 침착. 무관심하게 보일 수 있으므로 타인의 우려를 진지하게 받아들일 필요가 있다.

• 외향성(Extraversion)

사교성, 따뜻함, 활동성, 자극 추구, 긍정적인 정서가 하위요인이다. 이들은 타인과 어울리는 것을 좋아하며 긍정적 정서를 자주 경험하는 것으로 보고된다. 외부 자극에 대해 편안한 수준을 말한다.

E+ 높은 외향성: 사교적 재미있는 것을 좋아하여 공식 비공식 지도자가 된다. 대화를 주도.

E= 중간 외향성: 함께 일하다가 혼자 일하는 것으로 옮겨가기도 한다.

E- 낮은 외향성: 혼자 일하는 것을 선호한다. 진지하고 조용하다.

• 개방성(Openness to experience)

호기심, 상상, 심미성, 행동의 개방성, 사고의 개방성, 가치의 개방성이 하위요인이다. 개방성이 높은 사람들은 경험하기를 좋아하며 불확실한 것에도 흥미를 느낀다. 개방성이 낮은 경우 관습적이고 폐쇄적인 성향이 강하고 새로운 지식을 습득하는 것에 관심이 약한 편이다.

O+ 높은 개방성: 탐험가. 창의성과 호기심이 높고 도전을 즐김. 쉽게 지루해함. 미래에 관심을 가짐.

O= 중간 개방성: 현실적이지만 확신이 든다면 새로운 것에 관심을 가짐. 확신과 효율성을 중시함.

O− 낮은 개방성: 보존하는 사람. 실용적, 현실적. 업무에 효율적으로 접근하고 반복 활동에 익숙.

- **친화성(Agreeableness)**

협상, 신뢰, 정직성, 이타성, 순응성, 겸손, 동정심이 하위요인이다. 이들은 타인을 신뢰하고 친절하며 동정적이고 조화를 중시한다. 반면에 친화성이 낮은 사람은 경쟁적이고 무례하며 의심이 많다.

A+ 높은 친화성: 적응형. 관대하고 겸손함. 갈등을 싫어하여 원칙이 없는 것으로 보일 수도 있음.

A= 중간 친화성: 협상가. 윈-윈 전략을 추구한다.

A− 낮은 친화성: 도전자. 회의적이고 경쟁적이서 무례하거나 자기중심적으로 보일 수 있음.

- **성실성(Conscientiousness)**

초점, 유능감, 질서, 책임감, 성취에 대한 갈망, 절제, 신중성을 하위요인으로 갖고 있으며 성실성이 높은 사람은 스스로 잘 통제하며 계획적이다. 이들은 조직에 더 잘 적응하고 꼼꼼하며 인내심이 강하다. 지속적 반복적 목표 중심적인 행동에 주의를 집중하는 능력.

C+ 높은 성실성: 집중함. 성취에 대한 의지를 가지고 있음. 목표 달성을 위해 시간과 에너지, 자원을 통합함.

C= 중간 성실성: 업무의 요구와 개인적 요구 사항을 균형 있게 유지할 수 있음.

C- 낮은 성실성: 유연함. 개방적으로 목표에 접근하는 경향. 일을 미루거나 덜 조직적인 사람으로 비칠 수 있음.

(2) 빅 파이브 성격모델과 리더십

이상적인 리더의 빅 파이브 프로파일에 대한 상당한 연구가 있었다. 이것이 이 프로파일에 맞지 않는 사람들이 리더가 될 수 없다는 것을 의미하지는 않으며, 전형적인 리더에 대한 연구를 통해 어떤 특성을 개발하고 개선해야 할지 참고가 될 수 있는 연구라고 할 수 있다.

빅 파이브 모델에서 보자면 타고난 리더는 탄력적(N-)이다. 활기차고 외향적이며 설득력이 있고(E+). 몽상가(O+)이며, 경쟁적(A-)이고 목표에 전념한다(C+).

"리더십은 다른 사람들을 설득하여 일정 기간 개인의 관심사를 제쳐 두고 그룹의 책임과 복지에 중요한 공통 목표를 추구하도록 하는 것입니다." (Hogan, Curphy & Hogan, 1994)

대체적으로 침착한(N-) 리더는 때로 동요와 강한 감정(N+)을 보여야 한다. 그들은 일반적으로 외향적이고 독단적일 수 있으며(E+) 때때로 고독하게 물러나 있기도 하다(E-). 그들은 비전(O+)을 옹호하고 실용적이고 효율적(O-)일 수 있다. 그들은 단호할 수 있지만(A-) 때때로 양육할 수도 있다(A+). 목표에 집중해야 하지만(C+) 때때로 자발적이고(C−) 장난스러워야 한다.

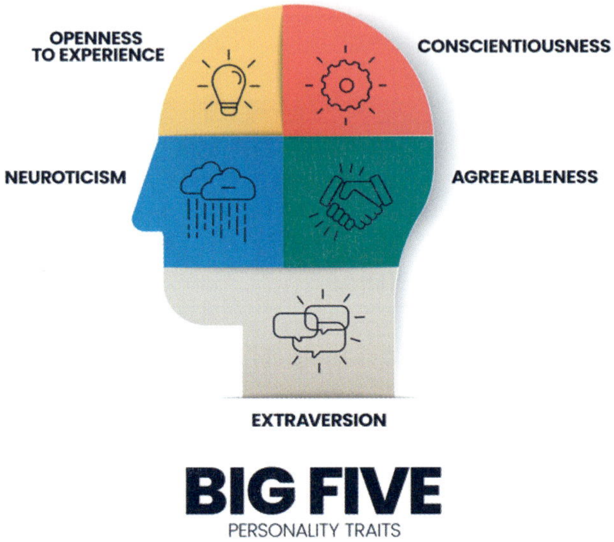

Activity

생각해 봐요

다음은 대한상공회의소가 발표한 국내 100대 기업의 인재상을 분석한 결과이다. 희망하는 직군의 인재상을 찾아보고, 자신이 가지고 있는 요인은 무엇이며 개발해야 할 것은 무엇인지 생각해 본다.

'창의력(2008)보다 책임의식(2023)'...
100대 기업의 인재상이 달라졌다

대한상공회의소가 31일 국내 매출액 상위 100대 기업이 홈페이지 등에 공개한 인재상을 분석한 결과, 기업들이 요구하는 3대 인재상은 '책임의식', '도전정신', '소통 · 협력'으로 조사됐다. 보고서에 따르면 '책임의식'을 내세운 기업은 67개사, '도전정신'은 66개사, '소통 · 협력' 64개사에 달했다.
이어 '창의성'(54개사), '원칙 · 신뢰'(53개사), '전문성'(45개사), '열정'(44개사), '글로벌 역량'(26개사), '실행력'(23개사), '사회공헌'(14개사) 등의 순이었다.

5년 전과 달라진 인재상... '책임의식 강조'(5위→1위),
'전문성 하락'(2위→6위), '사회공헌 새롭게 등장'

보고서에 따르면 2023년 인재상은 2018년 조사에서 중위권이던 '책임의식'이 1위로 부상한 반면, 지난 3번의 조사에서 상위권에 머물렀던 전문성은 6위로 급락했다. 또한 지난 조사들에서 포함되어 있지 않았던 '사회공헌'이 인재상으로 새롭게 등장했다.

<표 1> 인재상 순위 변화 추이

구분	2008 년	2013 년	2018 년	2023 년
1 위	창의성	도전정신	소통 . 협력	**책임의식**
2 위	**전문성**	**책임의식**	**전문성**	도전정신
3 위	도전정신	**전문성**	원칙 . 신뢰	소통 . 협력
4 위	원칙 . 신뢰	창의성	도전정신	창의성
5 위	소통 . 협력	원칙 . 신뢰	**책임의식**	원칙신뢰
6 위	글로벌역량	열정	창의성	**전문성**
7 위	열정	소통 . 협력	열정	열정
8 위	**책임의식**	글로벌역량	글로벌역량	글로벌역량
9 위	실행력	실행력	실행력	실행력
10 위	-	-	-	**사회공헌**

<표 2> 업종별 인재상 순위

구분	제조업	금융 · 보험업	무역 · 운수업	건설업	도소매업	기타서비스업
1 위	도전정신	원칙신뢰	책임의식	소통협력	책임의식	책임의식
2 위	책임의식	도전정신	도전정신	도전정신	소통협력	소통협력
3 위	소통협력	책임의식	소통협력	원칙신뢰	전문성	창의성
4 위	창의성	소통협력	창의성	책임의식	열정	열정
5 위	열정	창의성	전문성	창의성	도전정신	사회공헌
6 위	원칙신뢰	전문성	열정	전문성	원칙신뢰	원칙신뢰
7 위	전문성	열정	글로벌역량	글로벌역량	실행력	글로벌역량
8 위	실행력	글로벌역량	원칙신뢰	열정	창의성	전문성
9 위	글로벌역량	사회공헌	실행력	실행력	사회공헌	도전정신
10 위	사회공헌	실행력	사회공헌	사회공헌	글로벌역량	실행력

출처: 대한상공회의소 보도자료(일부 발췌).

Chapter 03

행동이론과 상황이론

학습목표

1. 리더십 행동이론에 대하여 학습한다.
2. 리더십 상황이론에 대하여 학습한다.

Chapter 03

행동이론과 상황이론

1. 행동이론

1940년대 이후 행동주의 심리학의 영향을 받은 행동이론(Behavioral Leadership Theory)은 '효과적인 리더의 행동'에 더 집중하였다. 개인의 특성은 과학적 연구가 어렵고 특히 심리적 특성은 오랜 기간 형성되어 온 것이기에 변화가 어려우나, 리더의 행동은 리더십에 직접적인 영향을 주며 결과적으로 훈련을 통해 변화할 수 있다고 보았다.

행동이론은 특정 상황에 대응하는 리더의 행동에 집중했다. 이 이론은 리더들이 태어나지 않고 만들어졌다고 믿으며 리더의 성공은 그들의 자연적인 특성보다는 그들의 행동에 근거한다고 주장한다. 즉, 특정한 행동을 배우고 실행할 수 있다면 누구나 효과적인 지도자가 될 수 있다는 것이다. 따라서 행동이론은 주로 리더의 행동을 연구한 이론과 리더십의 효과–행동유형 간의 관계분석에 중점을 두었다. 리더나 관리자들이 실제로 업무 수행에서 어떠한 행동을 하는지 그리고 이러한 행동과 관리적 유효성 사이에는 어떤 관련성이 있는가를 파악하려 하였다.

리더십 행동이론은 여러 분야에서 활용할 수 있다. 각 분야에서 리더의 바람직한 행동에 대한 기준을 세우고 자신의 행동에 대하여 자각하고 조절하여 행동할 수 있다면 더 발전적인 리더가 될 수 있을 것이기 때문이다. 행동이론에 대한 연구는 미국의 몇몇 대학을 중심으로 한 심리학자들의 주도하에 이루어졌는데 대표적인 리더십 행동이론의 연구들은 다음과 같다.

1) 미시간대학 연구이론

미시간대학의 리커트(Likert) 연구팀은 리더를 '직무중심(job centered) 리더'와 '직원중심(employee-centered) 리더'로 구분하고 리더십 효과성을 측정하였다. 이 연구에서 '직무중심 리더'와 '직원중심 리더'를 단일선상의 양극단에 있는 것으로 가정하였고, 리더는 둘 중 하나의 행동을 명확히 드러내며 두 가지 행동을 모두 명확하게 드러낼 수는 없다고 하였다.

- **직무중심(job centered) 리더:** 과업 달성을 위해 직원들을 치밀하게 관리·감독하며 강제적 권력을 주로 사용한다.
- **직원중심(employee–centered) 리더:** 직원들에게 개별적인 배려와 관심을 통해 자발적 동기가 생기도록 하며 직원 중심적 업무 환경을 조성한다.

- **연구 결과:** 직무중심 리더십은 단기성과와 관련성이 높았으며, 조직 구조화가 잘 안 되어 있거나 불확실한 과업 상황에서 효과성이 높다. 직원중심 리더 행동은 집단의 사기를 높이고 이직률 감소와 연관이 있었으며, 집단의 장기 성과와 관련성이 높다.

2) 오하이오대학 연구이론

연구팀은 리더의 행동을 '구조주도(initialing structure)'와 '배려(consideration)'의 두 가지 차원으로 분류하였다. 두 요인은 미시간대학의 연구와 비슷하나 '구조주도'와 '배려'를 단일차원의 두 점으로 보지 않고 두 개의 독립된 차원으로 보고 있어 병립할 수 있다. 따라서 구조주도 행동과 배려행동의 두 가지 행동에 따라 네 가지 유형의 리더가 존재한다.

- **구조주도:** 직원들에게 역할 분담, 목표설정, 수행방법과 절차를 명확히 규정하여 전달하는 등의 과업중심의 리더십 행동을 한다.

- **배려:** 직원들과의 신뢰성, 상호존중, 상호협조에 관심이 높고 관계 지향적 리더십 행동을 한다.

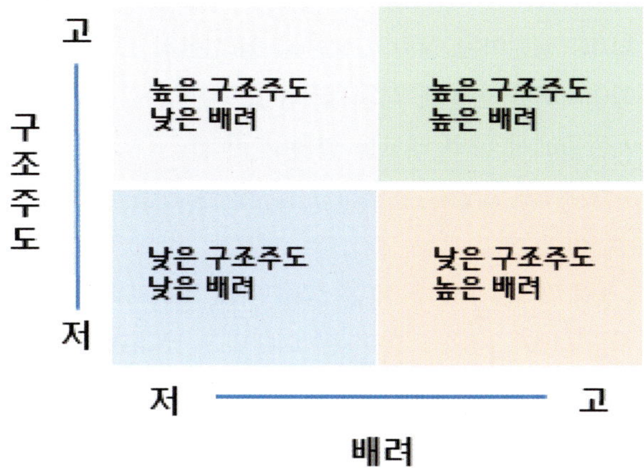

오하이오 연구이론의 개념은 높은 구조주도 행동과 높은 배려 행동을 함께하는 리더가 효과적임을 말한다. 바람직한 리더는 구성원들의 상황과 성향에 따라 적합한 리더십 행동을 보여야 한다.

Activity 함께해 봐요

구조주도와 배려 진단

다음은 귀하의 구조주도와 배려 스타일 수준을 알아보기 위한 설문이다. 아래의 양식을 이용하여 응답한 후 스타일을 판단하여 보자

<응답 양식>

1	2	3	4	5
별로 동의하지 않는다		보통이다		매우 동의한다

구조주도 행동 측정

1. 나는 다른 사람들에게 기대되는 것이 무엇인지 분명히 알려 준다.	
2. 나는 일을 할 때 정형화된 절차의 활용을 장려한다.	
3. 나는 나의 아이디어를 현실에 적용시키려 노력한다.	
4. 나는 다른 사람들에게 나의 태도를 명확히 한다.	
5. 나는 다른 사람들에게 과업을 할당하고 할당받은 과업을 제대로 처리하도록 만들 수 있다.	
6. 나는 주변의 빈둥거리는 사람들이 온 힘을 다해 일하도록 만들 수 있다.	
7. 나는 다른 사람들에게 나의 역할이 잘 이해되고 있다고 확신한다.	
8. 나는 과업이 제대로 수행되도록 계획을 한다.	
9. 나는 과업수행에 있어 명확한 기준을 유지한다.	
10. 나는 직책상 필요하다면 다른 사람들에게 표준 규칙과 규정을 따르도록 요구할 수 있다.	

배려 행동 측정

1. 나는 다른 사람들에게 정감 있고 기까이 하기 쉬운 사람이다.	
2. 나는 사소하지만 다른 사람들을 즐겁게 해 주는 일을 가끔 한다.	
3. 나는 다른 사람들이 충고하는 것을 받아들여 실행한다.	
4. 나는 모든 사람들을 평등하게 대한다.	
5. 나는 변화를 미리 주시한다.	
6. 나는 필요한 정보를 자발적으로 다른 사람에게 알려 준다.	
7. 나는 주변 사람들의 개인적 복지에 주의를 기울인다.	
8. 나는 항상 변화를 추구한다.	
9. 나는 나의 행동에 대해 구성원들에게 설명한다.	
10. 나는 다른 사람들의 의견을 물어 행동한다.	

진단

각각의 합이 35점을 넘으면 높은 것이고 그 이하이면 낮은 것으로 볼 수 있다. 당신은 앞의 표에서 어디에 소재하고 있는가?

- 구조주도 행위의 합 (   ) / 배려 행위의 합 (   )
- 나의 리더십 스타일 (   )

출처: 백기복 외(2013).

3) 관리격자 모형(Managerial grid theory)

블레이크와 머튼(Blake & Mouton)은 오하이오대학의 리더십 연구를 발전시켜 '업무에 관한 관심'과 '사람에 관한 관심' 두 축을 이용하여, 행동유형을 5가지로 구분하여 제시하였다.

(1) 리더십 행동의 두 가지 축

① 사람 지향적 리더

이 유형의 리더는 감독자, 직원 및 고객을 포함하여 상호 작용하는 사람들의 요구를 충족시킬 수 있는 행동에 초점을 맞춘다. 그들은 주로 팀원들이 잘 수행하도록 동기를 부여하고 소통을 통해 팀원들과 관계를 구축한다.

② 업무 중심 리더

업무 지향적인 리더는 주로 목표를 설정하고 목표를 달성하는 데 중점을 둔다.

이들은 잘 구조화된 환경을 추구하고 종종 권위적인 행동을 보인다. 일반적으로 팀의 최종 결과에 더 중점을 두어 일을 하며 구성원들에게 정해진 규칙과 규정을 따르도록 요구한다.

(2) 관리격자 이론이 제시하는 리더십 스타일

관리격자 이론이 제시하는 리더십 스타일은 무관심형, 과업형, 중도형, 컨트리클럽형, 팀형으로 각 유형별 구체적인 내용은 다음과 같다.

① 무관심형(1.1형)

이들은 팀과의 상호작용이나 의사소통에 우선순위를 두지 않으며 보통 멀리서 진행 상황을 감독하고 팀의 상황에 되도록 관여하지 않는다. 그들은 주로 개인적인 성공과 발전에 초점을 맞추고 있다. 이 유형의 리더십 스타일이 행동적 리더십 유형 중 가장 비효율적이다.

② 과업형(9.1형)

과업형 리더는 사람보다 과업을 더 중요시한다. 이 유형의 리더는 스트레스를 받거나 힘든 시기에도 팀원들에게 좋은 성과를 거두도록 압력을 가할 수도 있다. 이들은 단기적으로는 종종 고품질의 결과를 얻을 수 있지만, 직원들의 불만과 소진으로 인해 높은 이직률을 경험할 수 있다.

③ 중간형(5.5형)

중간형 리더는 과업과 사람에 관한 관심에 균형을 맞추려 노력한다. 이들은 일반적으로 적당한 수준을 초과하려 하지 않기 때문에 최선의 노력보다는 중립적인 태도를 보인다.

④ 컨트리클럽형(1.9형)

컨트리클럽형 리더들은 팀원들의 행복과 만족도를 우선시한다. 이 유형의 리더는 직원의 복지와 편의를 잘 봐 주기 때문에 팀원들의 인기를 얻을 수 있으나 생산성은 낮을 수 있다.

⑤ 팀형(9.9형)

이 유형의 리더는 이상형 리더라고도 불리며, 과업과 사람을 통합하여 높은 성과를 가져온다. 그들은 과업 달성을 위해 적극적인 의사소통, 협업 및 피드백을 한다. 리더는 팀의 장단점을 알고 그에 따라 과제를 할당하며 건설적인 피드백을 주고받는다.

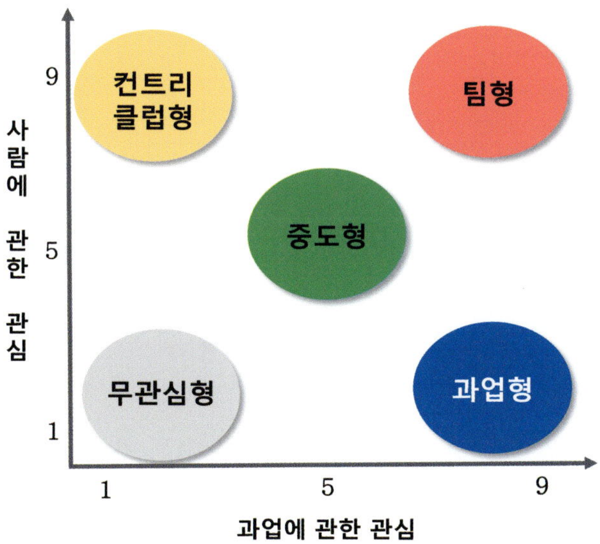

2. 상황이론

상황이론은 주어진 상황에 적합한 리더십을 발휘해야 성과가 높다는 관점에서 연구가 시작되었다. 직무주도 리더나 배려중심 리더 중 어느 하나가 더 효과적이라고 할 수 없으며 각 리더의 효과성은 상황에 따라 달라진다고 생각한 것이다. 즉, 리더의 특성과 행동이 리더십 효과를 발휘하는 것은 리더와 상황적 요인이 맞아 떨어졌을 때 가능하다는 의미이다. 예를 들어, 직무에 대한 이해도와 숙련도가 낮은 초보자들 그룹에게 민주적이고 방임적 리더는 좋은 리더가 아닐 수 있고 성과도 낮을 수 있다는 것이다. 따라서 상황이론은 여러 가지 다른 상황에서 가장 적합한 유형의 리더를 찾아내려 하였다.

다음은 대표적인 상황이론인 피들러(Fiedler)의 상황적합성 이론과 허시와 블랜차드의 성숙도 이론이다.

1) 피들러의 상황적합성 이론

피들러는 리더의 특성을 과업주도형 리더와 인간중심형 리더로 구분하였다. 그는 리더의 특성과 상황이 적절하게 맞아떨어질 때 효과적 리더십 발휘가 가능하므로 조직의 상황 여건을 리더에게 유리하게 만들거나, 리더십 유형을 상황에 맞게 변화시킴으로써 조직 성과를 높일 수 있다고 하였다.

피들러는 상황변수를 리더-구성원과의 관계, 과업구조, 지위권력의 세 가지로 제시하였는데 이들의 조합에 따라 8가지의 상황호의성으로 구분하였다. 상황호의성이 중간 정도이면 인간관계형 행동이 더 유효하고, 상황이 리더에게 매우 유리하거나 매우 불리할 때는 과업주도형 리더십 행동이 더 좋은 성과를 내는 것으로 나타났다.

- 상황이 리더에게 매우 유리하거나, 매우 불리할 때 ➜ 과업주도형 리더십
- 상황의 유리함 정도가 중간 정도일 때 ➜ 인간중심형 리더십

예를 들어, 리더와 부하가 좋은 관계이고 일이 구조화되어 있지 않으며, 리더가 약한 권력을 갖고 있을 때는 관계지향형 리더십이 리더에게 더 유리한 상황이다.

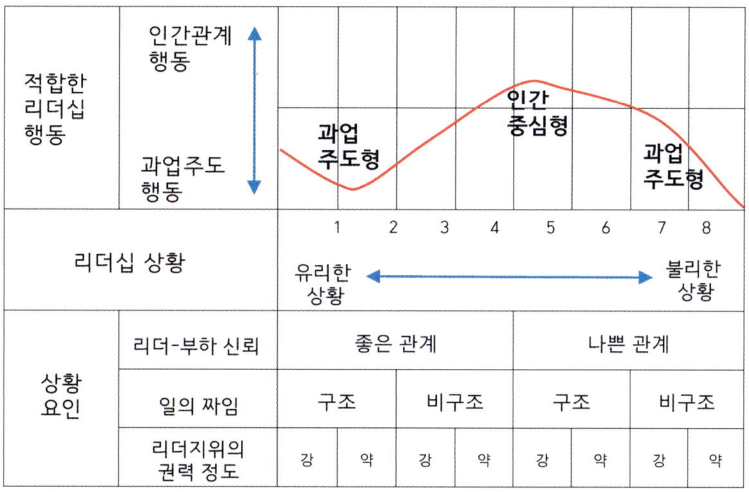

출처: 임창희(2015).

본 내용을 정리해 보자면 리더-구성원 간의 관계가 좋고 일의 짜임이 구조화되어 있으면서 리더가 강한 권력을 갖고 있을 때 가장 좋은 상황으로 이해할 수 있다. 반대로 가장 안 좋은 상황은 리더-구성원 간의 관계가 좋지 않고 일의 짜임이 비구조화되어 있으며 리더의 권력이 약할 때이다.

2) 허시와 블랜차드의 상황적 리더십(Situational Leadership)

허시와 블랜차드는 리더의 유형을 리더의 행동(과업지향적 행동, 관계지향적 행동) 조합에 따라 4가지로 분류하고 상황변수로 부하의 성숙도를 설정하였다. 그들은 부하의 성숙도(maturity)에 따라 각기 다른 리더십을 적용해야 한다고 주장하였다.

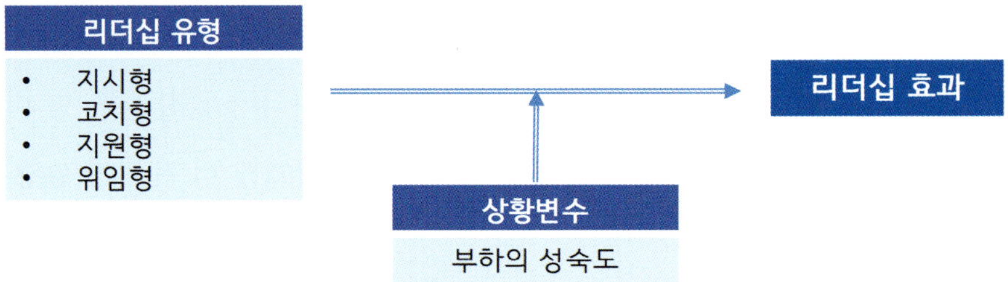

(1) 리더십 유형

① 지시형 리더십: 높은 과업지향적 행동 · 낮은 관계지향적 행동

리더는 부하직원에게 업무의 목표와 업무처리 방법, 업무 계획까지 모두를 지시하고 관리 · 감독하는 방식을 취한다. 리더가 모든 문제를 단독으로 결정하고 해결하기 때문에 직원은 리더의 결정에 따르기만 하면 된다.

② 코치형 리더십: 높은 과업지향적 행동 · 높은 관계지향적 행동

리더는 부하직원에게 목표달성과 관련한 과업 행동과 정서적 지원을 둘 다 수행하려 한다. 업무 목표설정과 추진 방법 등을 주도하지만 구성원의 아이디어와 의견을 들으며 참여를 촉진한다.

③ 지원형 리더십: 낮은 과업지향적 행동 · 높은 관계지향적 행동

리더는 부하직원을 의사결정 과정에 참여시키고 구성원과 협의하여 공동으로 의사결정을 하고 책임도 함께 나눈다. 지원하는 행동을 주로 하고, 아이디어를 촉진시키며 경청 · 칭찬 등으로 동기부여를 한다.

④ 위임형 리더십: 낮은 과업지향적 행동 · 낮은 관계지향적 행동

리더는 부하직원들에게 권한 위임을 통해 업무에 대한 자율성과 자긍심을 부여한다. 의사결정과 문제해결의 책임 모두 구성원들에게 위임하고 최소한의 피드백을 제공하며 모니터링한다.

(2) 상황 변수: 성숙도

상황적 리더십에서 성숙도란 업무에 익숙한 정도를 말한다. 직무와 관련한 지식, 기술, 실무경험, 목표 설정 능력, 문제 해결 능력, 책임감 등이 이에 해당한다.

성숙도는 업무수행능력과 의욕이라는 두 가지 기준에 근거하여 네 단계로 구분하여 설명하였다. 성숙도 1수준은 능력과 의욕이 모두 없는 상태로 M1으로 표시한다. 성숙도 2수준은 능력은 없으나 의욕은 있는 상태로 M2로 표시한다. 성숙도 3수준은 능력은 있으나 의욕이 없는 상태로 M3으로 표시한다. 성숙도 4수준은 능력과 의욕이 모두 있는 상태로 M4로 표시한다.

SL이론의 성숙도 상황 변수

성숙도 수준	M4	M3	M2	M1
업무수행능력	있음	있음	없음	없음
의욕	있음	없음	있음	없음
성숙도	높음	중상	중하	낮음

상황적 리더십 이론은 조직목표달성을 위해 구성원의 성숙도에 따라 리더가 적합한 리더십 스타일을 적용하는 것이다. 적합한 리더십을 매칭하는 이 과정을 리더십 매칭(leadership matching)이라 한다.

리더십 매칭

성숙도 수준	M4	M3	M2	M1
리더십 스타일	S4	S3	S2	S1
역할수행	부하가 주도적 역할		리더가 주도적 역할	

성숙도 수준이 M1인 구성원에게는 S1, 지시형 스타일을 적용한다, 성숙도 수준이 M2인 구성원에게는 S2, 코칭형 스타일이 적합하다. M3의 직원은 지원형 스타일을 적용하고 M4의 직원은 위임형이 적합하다.

허시와 블랜차드의 성숙도 이론

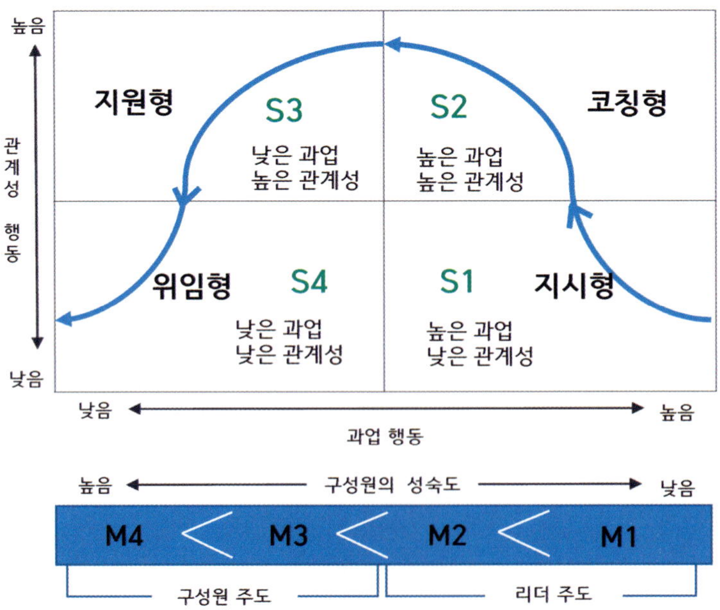

리더는 리더십 상황, 즉 구성원의 성숙도에 따라 리더십 스타일을 유연하게 변화시켜야 한다. 이를 리더십 적용의 유연성(flexibility)이라고 한다. 구성원의 성숙도는 개인에 따라 다를 수밖에 없는데 성숙도의 개인 차이를 고려하지 않고 리더가 모든 구성원에게 같은 리더십 스타일을 일관되게 적용한다면, 즉 리더십을 유연하게 적용하지 못한다면 구성원과 리더 사이의 갈등을 피할 수 없게 될 것이다.

다음은 직무에 대한 성숙도를 알아볼 수 있는 척도를 나타낸 것이다. 이 척도를 통해 직무 능력과 직무 의지를 점검해 보고 직무 성숙도가 어느 정도인지 알아볼 수 있다.

성숙도			높음			중간			낮음
		8	7	6	5	4	3	2	1
능력 척도	직무경험 (직무에 필요한 경험 보유 정도)	8	7	6	5	4	3	2	1
	직무지식 (직무에 필요한 지식 보유 정도)	8	7	6	5	4	3	2	1
	직무요구 (직무 요구 이해 정도)	8	7	6	5	4	3	2	1
의지 척도	책임의식 (직무에 대한 책임 의식 보유 정도)	8	7	6	5	4	3	2	1
	성취동기 (직무목표에 대한 성취동기 수준)	8	7	6	5	4	3	2	1
	직무전념도 (직무에 대한 헌신적인 정도)	8	7	6	5	4	3	2	1

Activity

생각해 봐요

리더는 구성원의 의식과 역량을 어떤 방식으로 키울 수 있을 것인지를 고민해야 한다. 또한 자신의 리더십 스타일에 대하여 늘 성찰할 수 있어야 한다.

다음의 내용에 대하여 팀원들과 의견을 나누고 정리하여 발표한다.

① 금융기관의 A 영업본부장은 지점장 회의에서 실적이 부진한 지점장에게 발표를 시키겠다고 했다. 그 말을 들은 지점장들은 모두 기분 나쁜 표정을 했고 일부 지점장은 부정적 의견을 내비쳤다. A 영업본부장은 다른 방법을 고민해 보려 하는데 아이디어가 떠오르지 않는다. 어떻게 해야 부진한 실적의 지점장이 성과를 올릴 수 있도록 할 수 있을까?

② 행위중심 리더십 사례를 찾아 리더십 발휘 요인을 정리하여 발표한다.

Chapter 04

카리스마 리더십과 변혁적 리더십

학습목표

1. 카리스마 리더십에 대하여 이해한다.
2. 변혁적 리더십에 대하여 이해한다.

Chapter 04

카리스마 리더십과 변혁적 리더십

1. 카리스마 리더십

1) 카리스마 리더십이란

어떤 사람에 대해 '카리스마(charisma)가 있다'라고 표현할 때 이 말은 그 사람이 타인을 사로잡아 끌어당기는 매력, 대중을 압도하는 능력, 강력한 지도력 등을 갖추었다는 것을 뜻한다. 우리가 대중을 압도하는 연기력이나 가창력을 가진 배우나 가수를 보고 카리스마가 있다고 하기도 하고, 때로는 주변인에게서도 표정이나 분위기, 목소리 등을 보고 카리스마 있다고 하는 것을 보면 '카리스마'라는 말은 우리 삶에 깊이 들어와 있다고 볼 수 있다.

카리스마를 가진 리더, 즉 카리스마 리더십은 강력한 매력을 소유한 리더가 헌신적으로 따르는 추종자들에게 비전과 현실적 해결책을 제시하며 영향력을 미치는 것으로 이해되기도 한다. 역사적으로 유명한 지도자였던 징기스칸이나 나폴레옹, 박정희 같은 정치 지도자들이 카리스마를 지닌 리더십으로 들 수 있으며, 모세나 간디 같은 종교지도자들, 스티브 잡스나 정주영 전 현대 그룹 회장 같은 강력한 리더십을 발휘했던 경영인들도 카리스마를 지닌 리더십에 포함될 것이다.

카리스마(charisma)란 단어는 '신(神)으로부터 받은 재능'을 뜻하는 그리스어 카리스마(Kharisma)에서 유래하였다고 한다. 카리스마는 기적을 행하거나 앞일을 예언하는 능력과 같은 신이 부여하는 재능을 뜻하는 것으로, 성경에서는 예언과 치유의 능력, 다스림과 섬김의 능력 등을 갖는 것으로 표현되기도 하였다.

학문적으로는 카리스마란 개념을 독일의 사회학자 막스 베버(Max Weber)가 처음으로 현대적으로 연구하였는데 그는 카리스마를 '특정한 사람에게 부여된 초인간적이거나 비범한 능력으로, 천부적인 성격적 특성'이라고 정의하였다. 그는 카리스마를 가진 리더는 언제나 존엄한 사명을 앞세워 타인으로 하여금 리더 자신을 신뢰하게 만드는 능력이 뛰어나다고 하였다.

그 외에 버나드 바스(Bernard Bass, 1990)는 카리스마를 '하위자에게 사명감을 불어넣어 주고 긍지를 심어 주며 리더에 대하여 존경과 신뢰를 하게 하는 리더의 특성'으로 정의하였고, 하웰과 히긴스(Howell & Higgins, 1990)는 카리스마를 '하위자에게 매혹적인 비전을 분명하게 잘 표현하고 그들에게 영감을 줄 수 있으며 리더에게 존경, 신념, 충성심, 신뢰를 갖게 할 수 있는 리더의 개인적 능력'이라고 정의하였다.

종합적으로 보자면 막강한 힘과 능력을 갖추고 앞장서서 추종자를 끌어 주는 리더가 카리스마 리더십의 특징이라고 할 수 있을 것이다. 우리가 리더의 이미지를 떠올릴 때 생각하게 되고 리더의 자리에 오르는 많은 사람들이 스스로 카리스마를 갖고 싶어 할 만큼 카리스마는 우리에게 친숙한 리더의 특징이기도 하다.

2) 막스 베버의 카리스마와 권한

이러한 카리스마 리더십의 특징에 대하여 막스 베버(Max Weber, 1921)는 『경제와 사회(Economy and Society)』라는 그의 저서에서 카리스마를 권력의 정당화 측면에서 설명하였다. 어떤 사람의 힘(power), 즉 권력이 다른 사람에게 정당하다고 인식되면 그 힘은 권한(authority)이 되어 다른 사람에게 지배력으로 작용한다는 것이다. 이런 권한을 그는 전통적 권한, 합법적 권한, 카리스마적 권한으로 나누어 살펴보았다.

전통적 권한은 왕정시대 등 과거로부터 지속해서 내려온 관습, 가부장적 배경에 근거한 권력을 의미한다. 예를 들어, 윗사람 혹은 나이가 많은 사람에게 예의를 갖춘다거나 가업을 자식에게 물려주는 것 등이 전통적 권한의 예로 볼 수 있다.

합법적 권한은 이성적 권한이라고도 하며 공식적 규정이나 법에 근거한 권력으로 산업사회의 조직관리를 위한 법규, 규정 같은 것이다. 조직 운영에 있어 합법적 절차를 요구하는 것 등도 이에 해당한다고 볼 수 있다.

마지막으로 카리스마적 권한은 리더의 비범함에 사람들이 동조하고 추종하여 생겨나는 권력을 의미한다. 앞의 유형과 달리 추종자들이 리더의 뛰어난 특성을 믿고 따르기 때문에 발생하는 것이다. 추종자들은 초인적, 초자연적, 상식을 초월한 속성을 가지고 있다고 믿어지는 사람의 말을 따르고 본받으려 하며 그의 규칙을 지키려 한다. 막스 베버는 이를 '리더'로 인정받는 것이라고 설명하였다.

권한의 3가지 유형

전통적 권한	합법적 권한	카리스마적 권한
과거로부터 내려온 관습에 근거한 권력	공식적 규정이나 법에 근거한 권력	비범한 개인의 천부적 자질에서 나오는 권력

3) 카리스마 리더와 비카리스마 리더의 행위

콘거와 카눈고(Conger & Kanungo)는 귀인(attribution) 현상을 기반으로 하여 카리스마 리더십 이론을 제시하였다. 이들에 따르면 카리스마적 리더십은 리더가 지닌 고유한 특성이 아니라 구성원들이 리더의 행동을 카리스마가 있다고 인식하고 인정하는 과정을 통해 나타난다는 현상이라는 것이다. 현상에 불만을 품고 이를 표출하며 이상적인 비전을 제시하고 변화 주도적인 행동을 하는 리더를 대중은 카리스마가 있다고 평가한다고 보았다. 따라서 리더가 특정 행동을 보이면 카리스마가 있다고 평가를 받게 된다는 것인데 이 이론에 따르면 천부적인 자질을 가진 리더가 카리스마가 있는 리더라고 하는 막스 베버의 견해와 달리 후천적인 노력을 통해 카리스마를 지닌 리더가 될 수 있다.

콘거와 카눈고는 사람들이 본 리더들의 행동을 카리스마 리더십과 그렇지 않은 경우로 대비하여 비교하였다. 다음은 카리스마 리더가 되는 행동을 정리한 것이다.

카리스마 리더와 비카리스마 리더의 행위 구분

	카리스마적 리더	비카리스마적 리더
현 상태를 보는 관점	현 상태를 반대하고 변화하려 함	현 상태를 지키려 함
미래 목표	현실과 거리가 있는 이상적인 미래 비전 제시	현 상태에서 크게 차이 나지 않는 목표 제시
존경스러움	관점과 비전을 공유, 추종자는 이런 리더와 일체감을 갖고자 노력함	관점의 공유가 리더를 존경하게 되는 원인
전문성	새로운 수단(방법)으로 기존의 질서를 뛰어넘을 수 있는 전문성을 가짐	기존의 질서하에서 필요한 수단을 모색함
행동	전통이나 일반적 규범에서 벗어나려 함	일반적 규범을 따름
명확성	미래 비전과 동기를 명확하게 함	목표나 동기를 명확하게 하지 않음
권력의 기반	전문성, 존경, 그리고 영웅숭배 등에 기반을 두고 있음	지위에 대한 권력, 보상이나 호의 등에 기반을 두고 있음
리더-추종자 관계	엘리트주의, 기업가 정신, 모범, 급격한 변화를 지지하도록 사람들을 변화시킴	보편주의, 합의 모색, 지시, 자신과의 견해를 공유하도록 명령함

출처: Conger & Kanungo(1987).

4) 카리스마 리더십의 구성요인

김경수, 서명구, 조용현 등(2015)은 김, 단스로와 김(Kim, Dansereau & Kim, 2002)이 제시한 비전 관련 행동, 몸소 실천 행동, 권한 위임 행동의 3가지 차원이 타당하다는 것을 확인적 요인 분석을 통해 밝히고, 카리스마적 리더가 보여 주는 3가지 차원의 행동을 다음과 같이 설명하고 있다.

첫째, 카리스마를 연구한 주요 학자들이 공통적으로 언급한 카리스마 리더십의 핵심 요인은 **'비전과 사명감'**이다. 막스 베버(1968)는 비전과 사명감을 카리스마를 구성하게 되는 최고의 핵심요소로 꼽았고 콘거와 카눈고(1988)도 비전이 카리스마적 리더와 그렇지 않은 리더를 구분 짓는 기준이라고 하였다.

카리스마적 리더십은 때로는 비전적 리더십이라 불리기도 하는데, 이 경우 카리스마적인 리더는 전략적 비전을 행사하는 것으로 특징지어진다.

비전은 현재 상황을 파악하고, 조직이 가지는 강점과 약점을 고려하여 미래의 목표를 설정하고, 목표를 달성하기 위한 행동계획을 포함한다. 따라서 비전 관련 행동은 환경에 대한 민감한 반응을 보이는 행동, 부하들의 욕구를 반영하는 비전을 제시하는 행동, 미래의 목표를 설정하는 행동, 미래 목표를 달성할 수 있게 하는 계획이나 전략을 수립하는 행동 등을 포함한다고 볼 수 있다(김경수 외, 2014).

둘째, 카리스마 리더의 중요한 성향은 **'솔선수범하는 실천과 행동'**이다. 리더는 말뿐만이 아니라 자신이 제시한 비전을 기반으로 실천적인 행동으로 모범을 보여 역할 모델로서 구성원들을 동기부여 하여야 한다. 여기서 역할 모델이란 위험에 대한 감수, 본인의 자신감을 표현하는 행위, 타인의 모범이 되고 혁신적인 행동을 하는 것 등을 말한다.

더불어 카리스마 리더에게는 '희생적 태도'가 필요하다. 카눈고(1998)와 프리드랜드(Friedland, 1964)는 카리스마적 리더가 비전 달성을 위해 자신을 희생하는 모습을 보여야 부하들이 리더를 신뢰하게 된다는 점을 지적하며 간디를 자기희생적인 모습을 보여 주는 가장 이상적인 카리스마적 리더의 모델이라고 제시하였다. 리더의 솔선수범하는 실천과 행동에는 비전 달성을 위한 리더의 자기희생, 비전 달성에 대한 자신감을 표출하는 행동, 역할 모델로서의 행동 등이 포함될 수 있다(김경수 외 2013).

셋째, 카리스마를 정의하는 세 번째 요소는 **'권한의 위임'**이다. 콘거(1989)의 연구에 따르면 부하들은 리더로부터 권한을 위임받음으로써 리더를 신뢰하고 비전 달성을 위해 헌신하게 된다. 또한, 하우스(House, 1977)는 리더가 부하에 대해 높은 기대감을 가지고 부하들이 가지는 능력에 대해 신뢰할 때 부하들에게 권한을 위임하며, 리더는 부하들로부터 신뢰를 받을 수 있고, 부하들은 리더가 제시한 비전을 달성하는 데 헌신하게 된다고 하였다. 권한 위임은 개인 자신의 자기효능감(self-efficacy)이 증가되었다는 믿음의 과정으로 정의될 수 있는데(Conger & Kanungo, 1988), 리더는 부하들이 가지는 자기 효능감에 대한 믿음을 제공함으로써 부하들로 하여금 위임받았다는 느낌이 들게 만들 수 있다. 그러므로 리더가 부하들에게 권한을 위임할 때 부하들은 리더가 자신이 가지는 능력에 대해 신뢰한다는 것을 지각하게 되어 부하들의 자기효능감은 증진되며 결국 리더를 신뢰하고 리더가 제시한 비전을 달성하는 데 있어 헌신하게 된다.

5) 카리스마 리더의 비언어적 특성

카리스마를 가지고 있는 인물은 사람을 끄는 강력한 흡인력을 지니고 있다. 그들은 자기 확신이 강하고 대담하며 침착하다. 이는 자신감, 뚜렷한 목표, 목적의식, 강한 욕구에서 나오며 강렬한 에너지로 표출된다. 그들의 얼굴은 자신감이 있으며, 상대의 마음을 꿰뚫어 보는 강렬한 눈빛을 가지고 있고, 뛰어난 스피치 능력과 신비감 넘치는 분위기를 가지고 있다. 의식적인 노력을 기울이지 않고서도 자신의 매력을 자연스럽게 표출한다. 그들은 긍정적인 자세를 가지고 있어서 주위에 있는 사람들에게 영향력을 전한다.

로버트 그린(Robert Greene)은 그의 저서 『유혹의 기술(The Art of Seduction)』에서 카리스마적 특성을 가진 사람의 비언어적 특성을 정리하였다. 그는 카리스마적 특성은 내면에서 우러나오며 후천적으로 습득할 수 있다고 설명하였다. 로버트 그린이 말한 카리스마적 인물의 비언어적 특성은 다음과 같다(윤두아, 2007).

(1) 매력적인 스타일

카리스마적 리더는 자신의 정체성이 표현되는 매력적인 스타일을 갖추고 있다. 멋진 걸음걸이, 반듯한 자세, 세련된 패션 감각과 색채 감각, 여유 있는 미소, 힘찬 악수, 말끔한 머리 손질 등은 타인에게 좋은 이미지를 심어 줄 수 있는 요소들이다.

(2) 강렬한 눈빛

카리스마 리더는 결코 초조하거나 두려워하는 눈빛을 보이지 않는다. 미국의 루즈벨트 대통령은 최면을 거는 듯한 위협적인 눈빛으로 상대를 마음대로 주물렀다고 하고, 나폴레옹은 거울 앞에서 당시 프랑스의 대배우였던 프랑소와 탈마(Francois J. Talma)의 눈빛을 흉내 내려고 몇 시간씩 연습했다고 한다. 사람은 눈을 통해 흥분, 긴장, 초연함 같은 다양한 감정을 드러내게 되는데 카리스마의 침착함, 자신감, 내적 힘은 카리스마 리더의 눈빛을 통해 드러난다.

(3) 매혹적인 목소리

카리스마 리더는 대중을 설득하는 능력이 뛰어나며 목소리 또한 힘이 있다. 내면의 힘과 확신이 목소리에 힘으로 드러나고 대중은 카리스마 리더가 말하는 내용뿐 아니라 목소리에 드러난 힘의 영향을 받아 설득된다. 목소리는 감정을 자극하는 가장 빠른 방법이기 때문이다. 1930년대 스페인 내전 때에 유명한 스페인 정치가 돌로레스 이바루리(Dolores G. Ibarruri)는 강력한 연설로 사람들의 마음을 움직임으로써 전쟁의 중요한 순간들을 결정지었다고 한다. 강력한 연설만이 카리스마를 전달하는 것은 아니다. 느린 말투도 효과적인데, 듣는 사람의 경계심을 풀어주고 매력을 전달하는 수단이 되기도 한다. 미국의 루즈벨트 대통령은 자상한 아버지와 같은 웅변술로 사람들을 사로잡았다. 그는 느린 말투로 상상력을 자극하는 한편 성경을 자주 인용하여 자신의 뜻을 대중에게 설득했다.

(4) 무대 기질

자신의 모습을 현실보다 크게 보이도록 하는 것이다. 차분하게 확신에 찬 모습을 보여 주는 배우가 사람들의 이목을 사로잡는 게 당연하듯이 주변을 의식하고 상황에 위축되어 있기보다는 조금 더 당당하게 멋지게 자신을 보일 수 있는 태도를 주변에 보여 주는 태도가 필요하다.

Activity

생각해 봐요

사람들은 심리적으로 불안한 상태일 때 카리스마 리더에게 더 많이 의지한다. 그러므로 전쟁 중이거나 국운이 기울고 있을 때 혹은 불안한 상황에서 카리스마 리더가 등장하게 되는 것이 어쩌면 자연스러운 현상이다. 카리스마를 가진 리더가 대중을 휘어잡을 때 사람들은 그 리더를 자신과 동일시하며 불안한 상황을 이겨낼 수 있다는 자신감을 찾기 때문이다.

다음은 히틀러와 처칠의 리더십 사례이다. 내용을 읽고 히틀러와 처칠의 리더십에 대해 분석해 보도록 한다.

히틀러의 리더십은 대단했다. 『CEO 히틀러와 처칠의 리더십』을 저술한 앤드류 로버트(Andrew Roberts)는 그의 책에서 히틀러의 리더십에 대해 다음과 같이 표현했다.

히틀러의 추종자들은 과히 광신적이었다. '종교적 상황에서나 가능했던 히틀러 현상은 지식인을 자처하면서도 히틀러의 마법에 걸린 지식인의 뇌에서 이성을 주관하는 기능을 마비시켰다.' 발터 사령관은 '사령부에서 명령하거나 구두 발표를 할 때 히틀러만큼 좌중을 압도하는 마력과 탁월한 연기력을 지닌 지휘관은 보기 드물었다'고 회고했다. 시대와 나라를 불문하고 지식인들의 이성과 뇌를 마비시키는 리더들은 사고를 치게 되고 큰 피해와 상처를 남기게 된다.
대조적으로 처칠은 히틀러와 다른 리더십을 가지고 있었다. 히틀러와 처칠 모두 뛰어난 세기의 리더들이지만, 이들은 나름대로 결이 전혀 다른 리더십을 가지고 있었고, 리더십의 종말은 너무나 큰 차이를 가져왔다.

세상에는 크게 두 가지 유형의 리더십이 있다. 강압적이고 권위적인 리더십과 감동을 통해 자발적 참여를 일으키는 영감의 리더십이 있다. 영감을 주는 리더십은 용기와 품위와 지식을 가지고 있다. 반면 권위적인 리더십은 만용과 아집과 집착을 가진다. 영감을 주는 리더십은 기대와 감동과 희망을 품고 리더십을 따라오게 한다. 반면 권위적인 리더십은 불안과 강요와 공포심으로 사람들을 몰아간다. 처칠은 의회에서 반대자들과 논쟁을 벌이고 표결을 의지로 관철시키고자 했다. 반면 히틀러는 정적을 숙청하고, 나머지 사람들은 강제 수용소에 수감시켰다.

2차 세계대전 당시 전 유럽을 파죽지세로 장악해 가던 독일군의 일선 지휘체계가 어느 순간부터 무너지고 혼선이 발생하기 시작한다. 2차 대전 초기에 히틀러는 일선 지휘관들에게 작전권을 일임했다. 하지만 전쟁이 장기화되면서 초조해지기 시작한 히틀러는 일선 지휘관의 의견 청취를 멀리하기 시작한다. 자신이 모든 것을 간섭하며 전쟁을 이끌어 갔다. 일선 지휘관의 작전을 무시하고 뒤집어 버렸다. 용맹하고 지략이 뛰어난 일선 지휘관들이 하루아침에 지위가 박탈되는 상황 속에 결연한 전의(戰意)가 나올 수 없었다.

반면 처칠은 전세가 위태롭고 초조해질 때 조용히 혼자만의 고독한 시간을 가졌다. 고비를 만날 때 처칠은 영혼의 다이너마이트를 준비하기 위해 모든 것을 포기하고 고립과 명상의 시간을 가졌다. 깊은 사색과 성찰 뒤에 만들어진 연설로 국민의 영혼에 불을 지르고 전세(戰勢)를 뒤집었다. 1940년 5월 13일 처칠은 수상에 취임하며 "나는 피와 수고와 눈물, 그리고 땀밖에 드릴 것이 없습니다."라는 유명한 연설을 한다. 이 연설을 통해 처칠은 영국 국민들의 가슴에 불을 붙였다. 국민들과 군인들은 감동과 새 힘을 얻게 되었다. 영혼의 다이너마이트를 터뜨린 것이다.

출처: 이명진(2022.09.16.).

토론 과제

① 히틀러와 처칠의 카리스마 리더십 스타일을 분석하시오.

② 오늘 학습한 내용을 토대로 자신의 카리스마 리더십에 대하여 분석하시오.

2. 변혁적 리더십

1) 변혁적 리더십이란

변혁적 리더십은 미국의 제임스 번스(James M. Burns, 1978)가 초월적 목표를 통해 조직원을 동기 부여시키는 리더십 개념으로 변혁적 리더십(transformational leadership)과 이에 대비되는 거래적 리더십(transactional leadership)이라는 개념과 함께 제시하며 관심을 받기 시작하였다. 번스는 정치적 리더들을 대상으로 이 개념들을 제시하였는데, 이후 미국의 심리학자 바스(1985)가 기업 조직에서 변화를 주도하는 리더의 모습으로 변혁적 리더십을 연구하고 정립 발전시켜 나갔다.

바스는 기존의 리더십이 주로 팔로워들에게 목표와 역할을 명확히 하고 리더가 효과를 높이기 위해 상과 벌을 사용하는 방법에 초점을 맞춘 거래적 리더십이었다고 보았다. 그동안의 리더십은 리더와 팔로워 간의 관계를 일종의 거래 형태로 파악하여 성과에 대한 보상을 교환할 수 있는 리더의 역할에 주목하였다는 것이다. 조직의 성과를 높이기 위해서는 팔로워들이 개인적 이익보다 더 큰 공익을 위해 행동하도록 리더가 어떻게 영향력을 행사할 것인가에 초점을 맞추는 변혁적 리더십이 필요하다고 주장하였다(Bass, 1985; Burns, 1978).

변혁적 리더십(transformational leadership)은 외형적 변화(change)보다는 보다 근본적인 내면의 변화에 집중했고 이를 변혁(transform)이라는 단어를 사용하여 변혁적 리더십이라 칭했다. 바스(1999)는 변혁적 리더십이란 '리더 자신과 부하 모두의 가치와 동기인 욕구와 열망과 기대를 나타내는 특정 목표를 위하여 부하

스스로가 행동하도록 유도하는 것'이라 정의하였다. 즉, 구성원들에게 예상되는 결과의 중요성을 인식시키고, 집단의 목표 달성을 위해 개인적 이익을 초월하도록 유도하며 구성원들의 욕구 수준을 높게 변형시킬 수 있다고 하였다.

변혁적 리더십의 정의를 살펴보면 다음과 같다. 번스(1978)는 변혁적 리더십을 '리더와 부하들이 서로 보다 높은 수준의 사기 진작과 동기를 일으키는 과정'이라고 정의하고 있으며, 바스(1985)는 부하들로 하여금 리더를 신뢰하게 하고, 리더에 충성하게 하고, 존경하게 함과 동시에 애초에 기대된 것 이상의 노력을 기울이게 하는 과정으로 변혁적 리더십을 정의하고 있다. 거래적 리더십이 기대된 성과를 올리게 한다면 변혁적 리더십은 기대를 훨씬 초과하는 업무성과를 초래하게 한다.

2) 거래적 리더십과 변혁적 리더십의 차이

거래적 리더십은 리더가 상황에 따른 보상에 기초하며 부하들에게 영향력을 행사하는 과정으로 정의할 수 있다.

거래적 리더십은 리더와 부하 사이에 계약적이고 교환 관계적인 과정으로서 특징지어진다. 즉, 부하와의 교환 관계에 입각하여 합의된 목표를 달성하였을 시 부하에게 약속한 보상을 제공하는 것을 의미한다. 바스는 거래적 리더십이 '상황적인 강화'라고 규정하면서 교환의 형태를 분류하였다. 거래적 리더십하에서 부하들은 보상을 받을 필요가 있거나, 또는 처벌을 피할 필요가 있는 상황을 취하려고 할 뿐만 아니라, 부하들의 개인적 가치를 변화시키기 위한 리더와 부하의 일치된 노력이 없다(Jung & Avolio, 2000). 이는 변혁적 리더십이 강한 사명감과 아울러 리더와 부하 간의 신뢰감과 존중감을 통한 인격적 관계를 중시하는 반면에 거래적 리더십은 공식적이고 제도적인 규칙이나 보상, 규제 및 처벌 등에 근간을 두고 있음을 일컫는다(Yammarino & Bass, 1990).

번스(1978)에 의하면 거래적 리더십은 개인이 가치 있는 어떤 것을 교환할 목적으로 다른 사람과의 계약에 있어 주도권을 취할 때 발생한다. 즉, 리더는 교환이라는 시각을 가지고 부하에게 접근한다는 것이다. 리더는 조건적 보상으로써 부하들에게 무엇이 기대되고 있으며 그 목표 달성으로써 어떤 보상을 받을 수 있는지를 명확히 한다. 즉, 부하들에게 달성해야 할 과업을 명확히 할당하고 만족스러운 과업수행에 대하여 그것과 교환으로 보상을 약속하고 실제로 보상을 하는 것을 말한다. 또 리더는 부하의 순응을 얻기 위해 부하의 실수를 교정하는 행동을 취한다. 과업수행에 있어서 일탈, 실수, 오류들을 발견하는 조치들을 설정하고 기준을 벗어나는 실수가 발생했을 때는 부하들에게 적절한 교정조치를 취한다.

거래적 리더십은 조직의 안정적인 운영과 현상 유지에는 어느 정도 도움이 되었으나 부하들은 수동적 태도를 갖는다는 한계를 갖게 되었다. 이러한 점에서 번스(1978)는 리더와 팔로워들의 동기부여 및 도덕적인 수준을 향상하는 연결고리를 만들어 가는 과정으로 변혁적 리더십의 개념을 강조하였다.

거래적 리더십이 통제와 보상을 통해 부하의 동기를 부여시키는 것에 중점을 둔다면, 변혁적 리더십은 부하의 변화를 통해 동기를 부여하고자 한다. 또한, 거래적 리더십이 현상을 유지하기 위해 노력한다면, 변혁적 리더십은 감정과 정서에 호소하는 측면이 더 크다.

거래적 리더가 부하들에게 즉각적이고 가시적인 보상으로 한 동기 부여에 초점을 맞춘 반면, 변혁적 리더는 자아실현과 같은 높은 수준의 목표를 동경하도록 유도한다. 또한, 거래적 리더가 부하들의 문제 해결을 직접적으로 돕거나 해결책을 알려 주는 방식을 취한다면, 변혁적 리더는 질문을 통하여 스스로 해결책을 찾도록 도움을 주는 방식을 선택한다.

즉, 변혁적 리더십은 팔로워들의 역량 개발을 촉진하고, 조직 목표에 대한 높은 수준의 개인적 헌신을 불러일으키는 것에 관심을 갖는다는 점에서 조직적인 차원에서 많은 관심을 받아 왔다(박현욱 외, 2023).

2) 변혁적 리더십의 요인

변혁적 리더십은 그동안 리더와 팔로워 간 교환관계에 초점을 두었던 전통적인 접근방법과는 달리, 이상적 영향력(idealized influence), 영감적 동기 부여(inspirational motivation), 지적 자극(intellectual stimulation), 개별적 배려(individualized consideration)를 통해 팔로워들이 기대 이상의 성과를 올리도록 만든다.

바스(1985)가 제시한 변혁적 리더십의 세부 내용을 구체적으로 살펴보면 다음과 같다.

(1) 이상적 영향력(idealized influence)

변혁적 리더는 구성원들에게 이상적인 영향력을 행사한다. 이상적 영향력은 최적화된 영향력이라고도 하는데 그것은 리더가 역할 모델이 되어 최적화된, 즉 매우 효과적인 영향력을 행사하는 것으로 카리스마 리더의 핵심 특징과 유사하다. 리더는 높은 수준의 도덕적 윤리적 행동기준을 가지고 있으며, 구성원으로부터 존경과 신뢰를 받는다. 구성원들은 리더를 존경하고 신뢰하며 리더와 동일시하여 그 행동을 본받으려고 하게 되고 리더와 함께 일한다는 것에 자부심을 느끼고 조직에 대한 신념을 가지게 되어 변혁적 리더십으로 이어지게 된다.

(2) 영감적 동기 부여(inspirational motivation)

공유된 비전과 목표 달성을 할 수 있도록 동기를 부여하는 데 중점을 둠을 의미하는 리더십이다. 리더는 구성원들이 영감적인 동기를 유발하는 리더십을 의미한다. 리더는 구성원이 자신의 역량을 잘 발휘할 수 있도록 지원해 주며 목표를 달성할 수 있도록 높은 기대감을 표시하고 격려하는 등 구성원을 고무시키는 행동을 한다.

영감적 동기를 불어넣기 위해 부하들에게 자신의 기대를 명확히 전달하고 팀 정신을 창출하며, 자기 일에 열정을 갖도록 해야 한다고 제안하였다. 카리스마를 가진 리더가 행동적 모델링이나 동일시를 통해 영감적 동기를 갖도록 할 수 있지만, 카리스마가 없는 리더라 할지라도 구성원에게 비전을 전달하고 그것을 달성할 수 있다는 자신감을 심어 주어 영감적 동기를 불어넣어 줄 수 있다고 보았다(Bass 1990: 이호선, 윤종우, 2011 재인용).

(3) 지적 자극(intellectual stimulation)

지적 자극이란 구성원들이 기존의 방식이 아닌 새롭고 창의적인 방법으로 문제를 해결할 수 있도록 그들의 가치관과 신념에 영향을 미치는 것을 의미한다. 변혁적 리더는 기존의 업무의 틀을 깨고 창의적인 시각을 개발하도록 자극하며 부하들이 문제에 대한 인식을 증가하고 새로운 관점에서 문제를 바라보도록 영향을 미친다. 이를 위해 리더는 지적 소양이 풍부해야 하며 추종자들에게 새로운 아이디어를 제공하거나 이끌어 내는 행동을 하며 그러한 조직 분위기가 조성될 수 있도록 한다.

(4) 개별적 배려(individualized consideration)

리더가 구성원 개인에게 관심을 가지고 지원하여 잠재력을 발휘할 수 있도록 긍정적인 영향을 미치는 것을 의미한다. 구성원 개개인의 성장과 발전에 관심을 기울이고, 개인적인 욕구와 동기를 인정하여 코칭과 권한 위임 등의 행동으로 그들의 성장을 돕는다. 개별적 배려는 리더가 부하들에게 개별적인 관심을 갖고 그들을 신뢰하고 존중하며, 책임감을 고취시켜 학습하는 것을 도움으로써 부하들을 육성하는 것을 말한다. 리더는 부하들 각각에 대해 개인적인 관심을 보이며, 부하들을 한 개인으로 대우하여 부하의 욕구를 충족시켜 더욱 효율적으로 조직 목표 달성을 추구할 수 있다. 개별적 배려는 부하와의 빈번한 접촉을 통해 일방적인 전달보다는 쌍방향의 대화가 있도록 한다. 부하들의 능력 발휘와 동기 부여가 효과적으로 이루어질 수 있도록 하기 위해 개인적인 성향에 기초하여 과업을 할당하며, 도전적인 직무를 배정하거나 책임을 증대시킨다(윤종우, 2010).

Activity

생각해 봐요

다음의 내용에 대하여 그룹 토의 후 발표한다.

① 카리스마 리더십과 변혁적 리더십은 각각 어느 상황에서 유효한지 생각해 본다.

② 카리스마 리더십과 변혁적 리더십을 발휘한 인물들을 찾아보고 그들의 성공 요인 혹은 실패 요인을 정리해 본다.

Chapter **05**

윤리적 리더십과 감성 리더십

학습목표

1. 윤리적 리더십에 대하여 이해한다.
2. 감성 리더십에 대하여 이해한다.

Chapter 05

윤리적 리더십과 감성 리더십

1. 윤리적 리더십

1) 윤리적 리더십의 필요성

최근 많은 기업에서 윤리의 가치에 기반을 두고 업무를 수행하는 윤리경영(ethical management)이 기업 경쟁력의 중요한 전략적 가치로 대두되고 있다. 기업에서뿐 아니라 사회 전체적으로 윤리의 중요성이 강조되고 있는데 기업의 임원이 갑질을 하거나 불법 행위를 저지르는 경우 기업에 대한 부정적 여론이 생겨나고 기업의 이미지가 추락하는 뉴스를 많이 접할 수 있다. 대표성을 띤 임원들뿐 아니라 기업이 윤리적이냐 그렇지 못하느냐 또한 기업 이미지를 바꾸어 놓기도 하기에 기업에서는 윤리의 중요성을 어느 때보다 강조하고 있다.

리더십에서도 기업이나 조직의 성과만을 우선시하는 리더십이 아니라 리더의 윤리성이 강조되고 있다. 즉, 많은 조직에서 리더들에게 요구하는 자질 중 하나는 윤리성인 것이다. 리더의 윤리성은 기업 이미지와 연관이 있는 것뿐만 아니라 조직 구성원들의 사기와 관련해서도 중요한 의미가 있다. 조직 구성원들은 리더의 직위나 권한을 보고 추종하고 존중하기보다는 리더의 윤리적 의사결정에 따라 추종하고 존중하는 경향이 있다(노연우, 윤혜현, 2017; Brown et al., 2005). 미헬리치 등(Mihelic et al., 2010)은 리더가 윤리적 기준을 높게 설정하고 노력하면 구성원에게 신뢰와 존경을 받는다고 하였다.

또한, 윤리성은 조직 구성원의 사기뿐 아니라 기업 성과와도 관련이 있다. 전국경제인연합회의 조사에 따르면 윤리강령, ESG경영 등으로 대표되는 이러한 윤리경영을 실천하는 기업이 기업 성과가 크게 앞서는 것으로 나타나고 있다(노순규, 2012). 장준호(2017)는 윤리적인 기업경영은 윤리적 기업문화를 형성하게 되어 기업 이미지를 긍정적으로 제고시켜 매출 및 이익 증대와 주가 상승 등의 기업 가치를 극대화하기 위함에 목적을 가지고 있으며, 근본적으로 기업 구성들이 기업에 대한 신뢰 향상과 직무 만족 및 조직몰입의 향상을 가져올 수 있다고 하였다.

2) 윤리적 리더십의 개요

윤리(倫理, ethics)는 '사회 구성원들이 함께 살아가기 위한 규칙'이다. 이는 공동체의 존립 기반이 되며 생활 속에 형성된 바람직한 습관이나 공동의 편의를 위해 모아진 사회적 규칙이라 할 수 있다. 윤리를 '준법', '도덕'과 구분해 보자면 '준법'은 공공생활의 질서 유지를 위해 국가가 관리하는 것으로 처벌성을 내포하고 있고, '도덕'은 올바른 선택을 유도하는 자발적 행동 양식으로 개인적 가치에 의해 표현되는 것이라 할 수 있다.

윤리적 리더십(ethical leadership)에 대한 정의는 학자마다 상이하나 브라운(Brown)의 정의와 트레비노(Trevino)의 정의가 가장 많이 사용되고 있어 소개한다.

브라운(2005)은 윤리적 리더십이란 '개인의 행동이나 개인상호 간 관계를 통해서 규범적으로 적절한 (도덕적) 행위를 보이는 것, 그리고 그러한 행위를 구성원과의 쌍방향 의사소통, 강화(reinforcement), 의사결정 등을 통하여 조직 구성원에게도 그와 같은 행동을 하도록 촉진하는 리더십'으로 정의하였다(Brown et al., 2005).

트레비노(2005)는 '리더가 스스로 도덕적 인간이면서 구성원들이 윤리적으로 행동하도록 관리하는 사람'이라고 하면서 '리더가 보상, 규정, 절차상에 윤리적 기준을 설정하고, 구성원에게 중요성에 대해 소통하고 그 기준에 맞춰 구성원들이 윤리적 책임감을 갖도록 관리하는 행위를 의미한다.'고 정의하였다.

즉, 윤리적 리더십은 정직과 배려, 공정한 판단과 같은 개인적 특성을 보여 주는 한편, 조직 구성원과 윤리적 가치와 관련된 쌍방향 의사소통과 대화를 자주 가지는 것은 물론, 그를 통해 뚜렷한 윤리적 기준을 제시하고, 그러한 기준에 따라 적절한 보상과 규제를 활용하는 등, 리더 스스로 윤리적 행동의 모범을 보여 줌으로써 조직 구성원들에게 바람직한 역할 모델이 되기 위해 노력하는 관리자적 특성을 지칭한다고 볼 수 있다(Brown & Trevino, 2006).

3) 도덕성 발달 단계

심리학자 콜버그(L. Kohlberg, 1983)는 하인츠의 딜레마(Heinz Dilemma)라고 이름 붙은 도덕적 갈등 상황에서 도덕성에 관한 반응을 정리하여 도덕성 발달단계(Kohlberg's stages of moral development)를 주창하였다.

그는 도덕성 발달단계를 전 인습적 도덕기, 인습적 도덕기, 후 인습적 도덕기 총 3수준으로 나누고 각 수준은 두 단계로 나누어 총 6단계로 정리하였는데, 인지발달이 일정한 단계를 통해 발달하는 것처럼 도덕적 사고도 전 생애에 걸쳐 노력을 통하여 발전한다고 하였다.

Activity

함께 생각해 봐요

다음은 콜버그가 제시한 도덕적 갈등 상황이다. 내용을 읽고 조원들과 상의하여 의견을 정리하여 발표한다.

하인츠의 딜레마(Heinz Dilemma)

"유럽 어느 곳에선가 어떤 부인이 암으로 죽어 가고 있었다. 그 부인을 살리는 약은 오직 한 가지밖에 없었다. 이 약은 같은 마을에 사는 어느 약제사가 발견한 일종의 라듐이었다. 그 약은 재료 원가가 비싸기도 했지만, 약제사는 약값을 원가의 10배나 매겨 놓았다. 그는 라듐을 200달러에 구입하여 적은 분량의 약을 만든 후, 그 약에 2,000달러를 요구한 것이다. 아픈 부인의 남편인 하인츠는 돈을 구하려고 아는 사람들을 모두 찾아다녔으나 약값의 절반인 1,000달러밖에 마련하지 못했다. 남편은 약제사에게 부인이 죽기 직전이라는 사정을 설명하고 약을 싸게 팔거나 아니면 외상으로라도 팔아 달라고 간청한다. 그러나 약제사는 '안 됩니다. 나는 이 약을 개발하기 위해 일생의 공을 들였고, 이 약을 통해서 돈을 벌려고 합니다'라고 대답했다. 절망한 하인츠는 마침내 약방 문을 부수고 들어가 부인을 위하여 약을 훔쳤다."(Colby & Kohlberg, 1987)

출처: [네이버 지식백과] 콜버그의 도덕 발달 이론 [Kohlberg's theory of moral reasoning] 심리학용어사전, 2014. 4.

질문

① 하인츠는 부인을 위해 약을 훔쳤다. 하인츠는 벌을 받아야 할까? 그 이유는?

② 약제사의 가격 책정은 정당한가? 정당하지 않은가? 그 이유는?

콜버그는 하인츠의 딜레마를 어린이와 청소년에게 제시하고 인터뷰를 하였다. 인터뷰는 20년 동안 주기적으로 지속되었다. 콜버그는 하인츠의 행동에 대한 찬성과 반대를 하는 이유가 어떻게 변화하는지 초점을 맞추어 살펴보았고 연령에 따라 도덕성이 발달해 간다고 결론을 내렸다.

(1) 전 인습적 도덕기(Pre-conventional Morality)

전(前) 인습적 도덕기는 도덕성 발달의 초기단계로 인식의 범위가 자신에게 한정되어 진정한 의미의 도덕성은 없는 단계이다. 이 단계는 주로 아이들에게서 보이며 처벌을 피하기 위해 혹은 욕구 충족이나 보상 때문에 법을 준수한다.

1단계: 벌의 회피 및 복종단계

약을 훔치면 벌을 받으니까 잘못되었다거나, 약이 없어서 아내가 죽으면 하인츠가 벌을 받으니 훔쳐도 된다고 찬성하기도 한다.

2단계: 순진한 쾌락주의

하인츠는 자신의 욕구 충족을 위해 약을 훔쳐서라도 아내를 구해야 한다는 이유에서 찬성을 하거나, 약제사가 모두가 그런 것처럼 이윤을 얻기 위해 행동했으므로 나쁘지 않다는 입장을 취한다.

(2) 인습적 도덕기(Conventional Morality)

인습적 도덕기는 무엇이 선하고 도덕적인지에 대한 사회적 규칙을 수용하고 내면화하는 단계이다.

3단계: 착한 소년 혹은 착한 소녀 지향

하인츠가 남에게 해를 끼치는 것이기 때문에 옳지 않다고 본다. 즉, 다른 사람의 관점도 고려한다.

4단계: 사회적 질서를 유지하는 도덕성

하인츠는 약제사에게 배상을 해야 하고 절도에 대한 처벌을 감수해야 한다고 하거나 아내를 구하고 싶은 마음은 이해하지만 규칙을 준수해야 하므로 약을 훔쳐서는 안된다고 한다.

(3) 후 인습적 도덕기(Post-conventional Morality)

후(後) 인습적 도덕기의 사람들은 도덕의 추상적인 원리에 대한 개인적 이해를 바탕으로 도덕의 가치와 원칙을 스스로 정의하고자 한다. 사회의 규범과 원칙은 존중되어야 하지만 자신의 원칙에 어긋나면 법과 충돌할 수 있다고 생각한다. 그들은 내재화된 원칙을 따르며 진정한 의미로 이 수준에 도달하는 사람은 많지 않다.

5단계: 사회적 계약 지향

누가 도덕적으로 잘못되었다고 하기 전에 모든 상황을 고려해야 한다고 보거나 목적이 수단을 정당화시킬 수 없으므로 사회적 합의를 지켜야 한다는 입장을 취한다.

6단계: 개인적인 양심원리의 도덕성

하인츠의 행동에 찬성하는 쪽은 법을 어기는 것과 생명을 구하는 것 사이에서 선택해야 할 때 생명을 구하는 것이 도덕적으로 더 높은 원리라고 하고, 반대하는 쪽은 하인츠가 감정이나 법보다는 정의로운 행동을 해야 한다고 한다.

윤리적 리더는 도덕성 발달 단계에서 후 인습적 단계나 인습적 도덕성의 단계에 올라와 있어야 할 것이다.

Level	Stage
Level 1 전 인습적 도덕기	Stage1.벌의 회피 및 복종 중시:벌에 대한 두려움 때문에 옳은 일을 함 Stage2.욕구 충족과 거래 중시:개인적 이득이나 보상 때문에 옳은 일을 함
Level2 인습적 도덕기	Stage3. 평판 중시: 착한 사람이 되기 위해 다수에 따른 옳은 일을 함 Stage4. 법과 질서 중시: 의무와 사회를 돕기 위해 옳은 일을 함
Level3 후 인습적 도덕기	Stage5. 사회 계약 및 개인 권리 중시: 법이 지나치게 제한적이라면 법에 어긋나는 일이라 할지라도 옳은 일을 함 Stage6. 보편적 윤리 원칙 중시: 정의와 평등, 인간의 존엄성, 내면의 양심 때문에 옳은 일을 함

4) 윤리적 리더의 특성

윤리적 리더는 다음과 같은 4가지 특성을 가지고 있다.

첫째, 윤리적 리더의 경우 개인의 행동 또는 대인관계를 통하여 구성원들에게 신뢰와 정직, 공정성 및 배려 등과 같은 모습을 보인다.

둘째, 윤리적 리더는 윤리와 관련된 것들을 명확한 의사표현을 통하여 구성원에게 올바른 절차에 따라서 업무를 처리하게 하며, 업무에 더 집중하여 많은 관심을 가지게 한다(Bass & Steidlmeier, 1999).

셋째, 윤리적 리더는 윤리적 부분에 대하여 명확한 기준을 설정하며, 그 기준에 맞게 보상 및 처벌을 내리기 때문에 구성원에게 간접학습을 할 수 있도록 도움을 줄 수 있다(Treviño et al., 2000).

넷째, 윤리적 리더가 내린 의사 결정은 구성원들이 관찰 또는 모방을 하게 되므로 공정한 의사결정을 한다는 차별화된 특징을 가질 수 있다(Burns, 1978; Howell & Avolio, 1992). 윤리적 리더십에 대한 연구자들의 정의 및 설명은 리더의 윤리성 및 역할 모델의 중요성을 모두 포함하고 있으며(Bass, 1985; Bass & Steidlmeier, 1999), 윤리적 인간과 윤리적 관리 모두를 충족시킨다는 점에서 다수의 연구자들에 의해서 활용되고 있다.

5) ESG 경영

워렌 버핏(Warren Buffett)은 명성을 쌓는 데는 20년이 걸리지만, 그것을 잃는 데는 5분도 걸리지 않는다고 하였는데 이는 기업을 경영함에 있어 윤리적 원칙의 중요성을 강조한 것이라 할 수 있다.

윤리적 리더십의 관점에서 나온 기업의 경영 방식 중 하나가 ESG이다. ESG는 E(Environment: 환경), S(Social: 사회), G(Governance: 지배구조)의 약자로 기업이 단기적인 재무 가치 창출 외에 장기적이고 지속 가능한 관점에서 환경적 요소나 지배 구조상의 투명성 등 사회와 공익을 위해 추구해야 할 가치를 반영한 개념이다.

여기서 말하는 환경(Environment)은 기후 변화 및 온실가스 배출, 대기 및 수질 오염, 폐기물 배출 감소, 환경법규 준수, 재생 에너지 사용, 기후변화 전력 수립, 친환경 생산 활동 등 환경을 보호하기 위한 기업의 노력을 의미한다. 사회(Social)는 인권 존중, 노사관계, 근로자 안전, 소비자 안전, 제품에 대한 책임, 지역 사회의 참여 및 사회 공헌과 같은 기업의 노력과 관련이 있다. 마지막으로, 지배구조(Governance)는 기업의 경영권 책임, 주 주권 보호 또는 CEO에 대한 감시 시스템 구축, 부패 방지, 내부고발 제도와 같은 기업의 노력과 관련이 있다(우은주, 2023).

이러한 윤리적 경영 방침은 조직의 내·외부 고객들과의 상생경영의 측면에서도 의미가 있으며, 기업의 사회적 의무를 이행함으로써 기업의 신뢰성과 지속성에서 매우 중요하다 할 수 있다.

Activity

생각해 봐요

친환경 · 윤리 소비 지향하는 MZ세대

"가격이나 질적으로 많은 차이가 나지 않는다면, 당연히 착한 기업의 제품을 사는 것 같아요. 무라벨 생수를 사는 것이 일상화됐어요" (20대 대학생 A 씨)

"조금이라도 사회에 도움이 될 만한 제품을 찾아 구매하면, 필요한 물건을 구매하면서도 의미 있는 일을 한 것 같아 뿌듯해져요. 간혹 제품 가격이 비싸더라도 제 가치관과 부합한다면 기꺼이 구매할 때도 있어요" (20대 직장인 B 씨)

MZ세대는 친환경적이고 윤리적인 소비를 지향하는 모습을 통해 다른 세대들과 구분될 수 있다(김미예, 옥경영, 2021). 나아가 디지털로 무장된 MZ 소비자들은 자신들의 소비를 소셜미디어를 통해 인증하고 이에 대한 다른 사람의 의견에 적극적인 반응을 보이는 등 특징을 가진다. A 씨와 B 씨처럼 자신의 가치관에 부합하거나 환경적 가치, 기업의 윤리성과 투명성까지 고려해 구매를 결정하는 소비방식을 'ESG 소비', '가치소비', '미닝아웃', '지속가능소비' 등으로 칭한다.

제품이 비싸더라도 구매

MZ세대의 소비방식은 다른 세대들과 구별된다. 지난 2021년 대학 내일 20대 연구소가 MZ세대 600명을 대상으로 진행한 연구보고서에 따르면, 10명 중 7명(71.0%)은 '가격과 조건이 같다면 친환경 활동 기업의 제품을 살 것'이라고 답했다.

대한상공회의소는 지난 4월 'MZ세대가 바라보는 ESG 경영과 기업 인식 조사'를 발표했다. 만 20세 이상 MZ세대 남녀 380명을 대상으로 진행한 조사 결과, 10명 중 6명(64.5%) 이상은 ESG를 실천하는 착한 기업의 제품이 더 비싸더라도 구매할 의사가 있다고 나타났다. ESG 우수 기업의 제품을 구매할 때 동일한 경쟁사 제품보다 얼마를 더 지불할 의향이 있는지를 묻는 질문에는 '2.5%~5.0%'라는 응답이 48.4%로 가장 많았으며 '5.0%~7.5%'가 21.6%로 뒤를 이었다.

서울 소재 대학 3학년 김모 양은 대한상의에 "MZ세대는 사회적 물의를 일으킨 기업에게 '불매운동', 착한 기업 · 가게에는 '돈쭐('돈으로 혼쭐을 내다'라는 신조어)'이라는 방식으로 메시지를 전달한다."고 말했다. 특히 디지털 네이티브(태어날 때부터 디지털 기기에 둘러싸여 성장한 세대)인 MZ세대는 자신의 불매운동과 돈쭐 행위를 SNS를 통해 인증하고 공유하기 때문에 자연스럽게 다른 이의 동참을 이끌기도 한다.

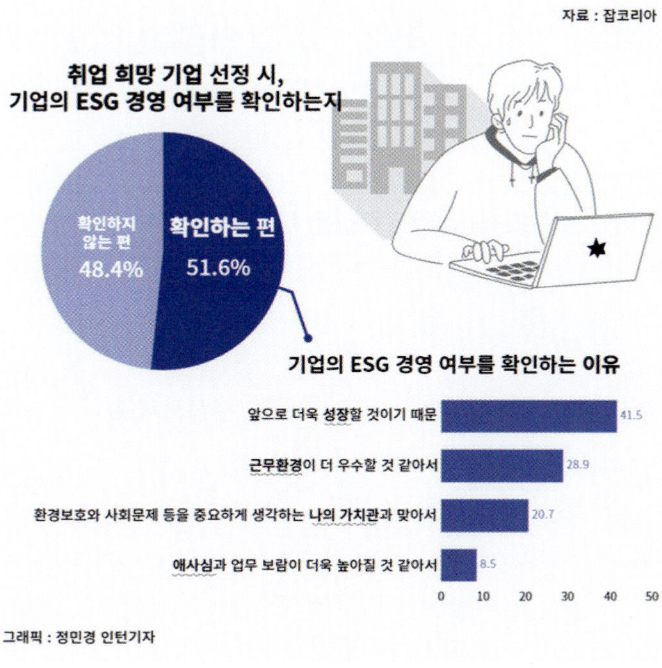

취업 때 ESG 경영 여부도 고려하는 MZ

기업의 ESG 경영 여부가 제품이나 서비스 구매를 넘어, 최근에는 MZ세대가 취업하고 싶은 기업을 선택하는 데까지 영향을 미치고 있는 것으로 나타났다. 채용 플랫폼 잡코리아가 알바몬과 함께 지난 1월 현재 취업 활동 중인 MZ세대 구직자 1183명을 대상으로 'ESG 경영 기업 취업선호도'를 조사한 결과, 기업의 ESG 경영 여부가 MZ세대 구직자들의 입사 지원율을 높이는 것으로 나타났다. MZ세대 구직자에 '취업희망 기업 선정 시, 기업의 ESG 경영 여부를 확인하는지' 질문한 결과, 51.6%가 '확인하는 편'이라고 답했다.

출처: 부산제일경제(2022.11.02.) 기사 일부 발췌.

토의

- 윤리적 리더십이 기업 경영 관점에서 중요한 이유를 논의 후 발표하시오.
- 윤리적 리더와 비윤리적 리더의 특성을 비교하시오.
- 윤리적 경영의 사례를 찾아보고 성공 요인을 분석하시오.

2. 감성 리더십

1) 감성 리더십이란

최근 각 분야를 막론하고 리더들은 구성원들을 이끄는 것에 어려움을 느낀다고 호소하고 있다. 급변하는 조직 환경에 대응해야 할 뿐만 아니라 개성이 강한 최근 세대 구성원들의 특성을 잘 이해하고 이끌어야 하기 때문이다. 최근 전국경제인연합회가 MZ세대 827명을 대상으로 기업 인식조사를 실시한 결과 가장 선호하는 경영진의 리더십 유형으로 응답자의 77.9%가 '소통형'을 선택했다고 한다. 강한 카리스마를 바탕으로 신속한 결정을 내리는 '카리스마형'이 13.9%, 직원에게 권한을 위임하고 자율성을 부여하는 '위임형'은 8.2%로 집계된 것을 보아 요즘의 조직 구성원들에게는 이전과 다른 리더십 스타일이 필요함을 알 수 있다.

소통을 할 수 있는 리더를 원하는 시대적 흐름에 유용한 리더십이 바로 감성 리더십이다. 골먼(Goleman et al., 2002)이 세계적인 기업을 대상으로 성공한 리더의 요인을 분석한 결과 전문적인 기술이나 IQ 등의 지적 능력보다 감성적 능력이 더 높은 비율로 리더의 성공 요인으로 밝혀졌다. 이 연구를 통하여 그는 지도자들에게 IQ와 전문적인 기술도 중요하지만 감성적 지능이 리더십의 필수조건이고 이러한 감성지능이 부족하다면 최고의 훈련과 예민하고 분석적인 마인드, 그리고 현명한 아이디어의 전달이 불가능하게 되어 결국 위대한 지도자가 되지 못할 것이라고 주장하였다(Goleman, 1995: 김태정, 2023).

감성 리더십의 정의를 살펴보면 골먼(2002)은 '자기 인식의 바탕 위에서 다른 사람의 감정을 헤아려 공감을 이끌고 관계를 제어하며 동기를 부여하는 능력'이라고 정의하였다. 라파엘리와 월린(Rafaeli & Worline, 2001)은 감성 리더십을 '리더가 구성원들에게 효과적으로 영향력을 행사하고 감독하기 위해 감성적 역동을 사용하는 역량'이라고 하였다. 정리하자면 감성 리더십은 리더가 먼저 자기 자신을 잘 이해하고 구성원의 감정과 상황을 공감하여 감동과 희망을 주며, 성장 욕구를 자극하여 변화를 이끌어 내는 리더십이라 할 수 있다.

2) 감성 리더십의 구성요소

골먼(2000)은 감성지능을 리더십과 연관시키면서 감성지능과 관련된 역량을 네 개의 영역으로 구성하였다. 네 개의 영역은 자기인식(self-awareness), 자기관리(self-management), 사회적 인식(social awareness), 그리고 사회적 기술(social skills)이다.

이러한 개념적 틀에 따라 감성지능과 관련된 역량은 다시 두 개의 집단으로 구분할 수 있다. 하나는 자신을 다루는 개인적인 능력(자기 인식과 자기 관리)이고 또 하나는 타인 또는 관계를 다루는 사회적 능력(사회적 인식과 사회적 기술)이다.

(1) 자기인식

자기인식(self-awareness)은 자신의 감정, 능력, 한계, 가치, 목적, 장점과 단점 등을 깊이 이해하고 있는 것을 의미한다. 자기인식에는 감정적 자기인식, 정확한 자기평가, 긍정적 자아존중감이 포함된다.

(2) 자기관리

자기관리(self-management)란 자신의 감정을 이해하고 조절할 수 있는 능력을 의미한다. 자기관리에는 감정과 충동을 조절하는 능력인 자기통제, 정직함과 진정성을 보여 주는 신뢰성(trustworthiness), 자신의 역할과 책임을 다하는 양심성(conscientiousness), 상황 변화에 유연하게 대처하는 적응성(adaptability), 성취 지향성, 주도적 혁신성이 포함된다.

(3) 사회적 인식

사회적 인식(social awareness)은 타인에 대한 공감반응, 조직적 인식, 서비스 지향성이 포함된다. 공감 반응이란 타인의 감정을 알아차리고 그들의 생각과 욕구, 감정을 이해하는 것을 의미한다. 또한, 조직적 인식은 조직의 관리구조와 의사결정 구조를 이해하는 것을 의미하며 서비스 지향성은 조직 구성원과 외부고객의 욕구를 인식하고 충족시키는 것을 말한다.

(4) 사회적 기술

사회적 기술(social skills)에는 비전적 리더십, 영향력, 타인개발, 효과적 의사소통, 변화의 촉매(change catalyst), 갈등 관리, 유대관계 구축(building bonds), 협업과 협력이 포함된다.

이는 신념에 찬 비전적 리더십을 바탕으로 조직 구성원들을 설득하고 소통하며 긍정적 영향력을 끼치며 변화를 주도하는 것을 의미한다. 이때 리더는 구성원들이 요구하는 바에 대해 역할모델이 되어 줄 수 있어야 하며 자신을 잘 컨트롤할 수 있어야 한다.

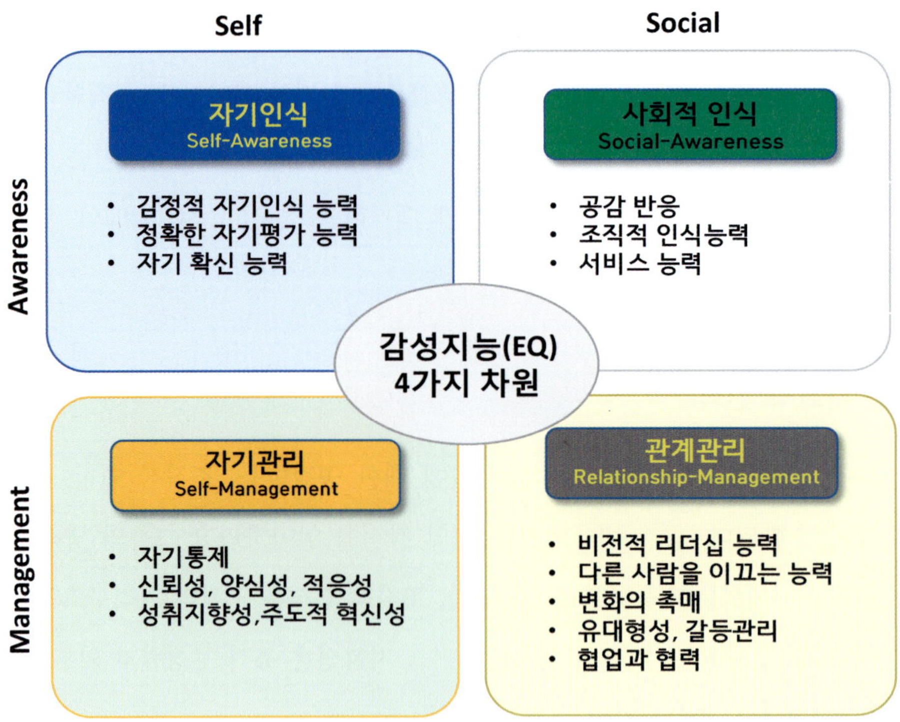

3) 감성지능 개발

EQ, 즉 감성지능(Emotional Quotient)이 높은 사람은 자존감이 높은 사람이기도 하다. 감성지능은 인간의 정서적인 능력을 재는 척도로써 EQ가 높아야 대인관계를 잘 할 수 있고, 성공하는 데는 지능지수뿐 아니라 감성지능인 EQ가 높아야 한다고 널리 알려져 왔다.

감성지능은 다음과 같은 다섯 가지 능력을 말한다.

- 자기의 감정 상태를 인식한다.
- 자기의 감정을 조절한다.
- 자기를 동기화하여 잠재능력을 개발한다.
- 다른 사람의 마음을 이해하고 공감해 준다.
- 사람들과 원만한 인간관계를 갖는다.

감정 조절을 할 수 있다면 자신의 마음 상태도 편안해지고 건강한 자아존중감이 형성될 수 있다. 감정 조절은 감정 상태의 인식, 즉 감정 알아차림(awareness)에서 시작된다. 내 감정을 알아야 상황이 나에게 어떤 영향을 미쳤는지 알 수 있고, 주변에 내 상태도 전달될 수 있다.

감정 상태는 누구나 잘 아는 것이 아닌가 하고 생각할 수 있겠지만 의외로 그렇지 않다. 감정에 대한 감수성은 어릴 적 부모나 주양육자가 아이의 감정을 공감해 주면서 자라는 것이기도 하다. 개인의 내적 욕구가 충족되어 생겨나는 긍정적인 감정뿐 아니라 욕구가 충족되지 않은 데서 나타나는 화나 슬픔, 질투심 같은 부정적인 감정을 느껴도 되고 표현할 수도 있는 것이며, 부모나 어른이 공감하고 받아 주어야 감정에 대한 인식 능력이 생겨난다. 자신이 어떤 것을 원하며 현재 어떤 감정과 생각을 가지고 있는지 먼저 잘 알아야 하고, 그 다음 그것을 다른 사람에게 표현하는 연습을 해 보는 것이 필요하다.

쉽게 참고할 수 있는 것은 '나-메시지'이다. '네가 날 짜증나게 해!'가 상대를 주어로 하는 '너 메시지'라면 '나는 슬프다'라고 하는 것은 나를 주어로 하기 때문에 '나 메시지'라고 한다. 영어로는 'I feel...', 'I think...'로 시작하는 문장이 된다(양아람, 서현령, 2019). 나 전달법은 자신의 마음을 표현하는 데도 효과적일 뿐 아니라, 갈등 해결 방식으로도 훌륭한 방법이다.

감성지능을 높이기 위한 또 한 가지 방법은 내 생각에 대한 책임을 가지는 마음 자세이다. '내 생각에는...'이라고 이야기하는 것은 내 생각이 결정적인 것이 아니라 나의 견해일 수 있다는 태도이다. '나 메시지'는 단지 대화의 기술이라기보다는 내 감정과 내 생각은 나의 것이라는 성숙한 삶의 태도가 들어 있다(양아람, 서현령, 2019).

Activity

함께해요

다음은 트래비스 브래드베리(Travis Bradberry)가 자신의 EQ를 가늠해 볼 수 있도록 타임지(Times)에 소개한 "EQ가 높은 사람들의 10가지 특징"이다. 내용을 읽고 아래 질문에 대답하며 자신의 생각을 정리해 본다.

"EQ가 높은 사람들의 10가지 특징"

1. 자신의 감정을 구체적으로 표현할 수 있다.

EQ가 높은 사람은 감정을 정확히 이해하기 때문에 구체적인 단어로 자신의 감정을 표현한다. 다른 이들이 단지 "기분이 나쁘다"라고 표현할 때 EQ가 높은 사람은 "절망적이다." "긴장된다" "분노가 치밀어 오른다" 등의 다양한 표현을 사용한다. 사용하는 어휘가 구체적일수록, 자신의 감정을 더 잘 알고 있는 것이다.

2. 주변 사람들에 대해 호기심이 많다.

EQ가 높은 사람은 주변 사람들에 대해 호기심이 많다. 왜냐하면 EQ가 높은 사람들은 공감하는 능력이 뛰어난데, 공감은 그 사람에 대한 관심, 즉 호기심으로부터 시작되기 때문이다.

3. 변화를 잘 받아들인다.

EQ가 높은 사람은 사고가 유연하고 변화를 잘 받아들인다. 그들은 변화에 대한 두려움이야 말로 성공과 행복의 적임을 알고 있다. 그들은 항상 변화의 가능성을 주시하고 있다.

4. 자신의 장점과 단점을 안다.

EQ가 높은 사람은 자신이 무엇을 잘하고 무엇을 못하는지 알고 있다. 그들은 어떤 사람, 그리고 어떤 환경이 자신을 성공으로 이끌 수 있는지 파악하고 있다. EQ가 높다는 것은 장점을 최대한 활용하고 단점은 보호하는 방법을 알고 있다는 뜻이다.

5. 다른 이의 생각을 읽을 수 있다.

EQ가 높은 사람은 눈치가 빠르다. 그들은 다른 사람의 마음을 읽을 줄 안다. 다른 사람이 지금 무슨 생각을 하고 있고, 앞으로 무슨 생각을 할지를 예측한다. 사람의 마음은 미스터리가 아니다. 깊이 숨겨진 마음이라도 충분히 짐작해 볼 수 있다.

6. 지나간 실수에 미련을 갖지 않는다.

EQ가 높은 사람은 지나간 실수에 크게 연연하지 않는다. 실수를 잊는 대신 받아들이고 앞으로의 성공을 위한 초석으로 삼는다. 실수를 너무 오랜 시간 붙잡고 있으면 자존감이 떨어진다. 그렇다고 해서 실수를 빠르게 잊어버리면 같은 실수를 반복하게 된다. 그러니 실수에 연연하지 말고, 잊지도 말고 되새겨서 교훈으로 삼아야 한다.

7. 까다로운 사람을 상대할 줄 안다.

까다로운 사람을 상대하는 것은 상당히 피곤한 일이다. 그러나 EQ가 높은 사람은 까다로운 사람을 상대할 때에도 상처받지 않는다. 그들은 까다로운 사람을 대하기 앞서 이성적으로 생각한다. 그들은 자신의 감정이 분노와 좌절 속에서 소용돌이치게 내버려 두지 않는다.

8. 완벽을 추구하지 않는다.

EQ가 높은 사람은 완벽을 목표로 삼지 않는다. 인간은 완벽할 수 없음을 알고 있기 때문이다. 인간이 실수하는 것은 자연스러운 일이다. 완벽을 목표로 삼는다면, 당신은 자주 좌절감에 빠져 한탄하며 시간을 보낼 것이다. 이런 식으로는 실수를 극복하고 앞으로 나아갈 수 없다.

9. 가진 것에 감사한다.

감사하는 시간을 갖는 것은 마음을 바로잡고 스트레스를 줄이기 위해 반드시 필요한 일이다. 잠시 감사하는 것만으로도 스트레스 호르몬인 코르티졸의 분비가 줄어든다. 캘리포니아 주립대에서 진행한 실험에 의하면 감사하는 마음을 갖는 사람들은 그렇지 않은 사람들에 비해 원기 왕성했으며, 더 행복했고, 더 건강한 것으로 나타났다.

10. 충분히 잔다.

EQ를 높이고 스트레스를 조절하는 데 있어 수면의 중요성은 아무리 강조해도 부족함이 없다. 수면 시간은 뇌가 기억을 되새기며 재충전하는 시간이다. EQ가 높은 사람은 잠이 부족하면 집중력, 절제력, 기억력 등이 떨어진다는 것을 알고 있다. 그들은 수면을 무엇보다도 중요하게 생각한다.

출처: 중앙일보(2016.03.30.).

질문

① 위 내용 중 자신에게 해당하는 특징은 무엇인가? 그 이유는?

② 위 내용 중 나에게 필요한 것은 무엇인가? 그 이유는?

③ 새롭게 떠오르거나 정리된 생각이 있다면 적으시오.

Chapter 06

코칭 리더십과 셀프 리더십

학습목표

1. 코칭 리더십에 대하여 이해한다.
2. 셀프 리더십에 대하여 이해한다.

Chapter

06

코칭 리더십과 셀프 리더십

1. 코칭 리더십

1) 코칭 리더십의 개요

최근 빠르게 변화하는 환경에 대응하여 경쟁력을 확보하는 것이 모든 기업의 화두이다. 구성원들과 이해관계자들의 니즈도 빠르게 변화하고 있기에 리더 혼자 결정하고 지시하는 리더십은 한계에 왔다고 할 수 있다. 이 점을 감안하여 연구자들은 기업 경쟁력 강화를 위한 구성원의 혁신 행동을 끌어내는 방안으로 리더의 역할과 리더십유형에 대한 연구해 왔다(Edmonson, 1999; Agarwal, 2014). 그중 최근 기업에서 적용하고 있는 것이 바로 코칭 리더십이다.

현대 사회에서 존경받는 리더의 조건은 환경의 변화를 잘 읽어 낼 수 있으며, 부하들의 동기와 몰입을 촉진하고 성장을 지원하는 리더십을 갖는 것이다. 즉, 여러 세대의 서로 다른 가치관과 경험을 포용하여 조직 구성원들의 소통과 협력을 이루어 내며, 구성원 개인의 잠재력을 이끌어 낼 수 있는 소통의 방법이 바로 코칭 리더십이라 할 수 있다.

코치(Coach)의 어원은 네 마리의 말이 끄는 마차에서 유래되었다. 이는 마차에 탄 사람을 원하는 목적지로 가도록 돕는다는 의미에서 코칭을 받는 사람이 현재 상태에서 원하는 상태로 다다를 수 있도록 돕는다는 의미로 변화하였다. 즉, 코치는 코칭을 받는 사람이 잠재력을 향상하여 성장할 수 있도록 돕는 협력 관계의 지원자라 할 수 있다.

코칭 리더십의 정의를 살펴보면 로저스(Rogers, 1977)는 '구성원의 변화와 성장 가능성을 믿고 인본주의적 관점을 지향하며 파트너로서 지속적 피드백을 통해 구성원의 성장을 지원하는 것'이라 하였다. 아마빌레(Amabile)는 '권한위임을 통한 구성원의 자율성과 자발적 참여 및 의욕을 고취함으로써 창의적 문제해결 능력을 높이고 구성원의 혁신 행동을 촉진시켜 창의적 성과를 가져온다(Amabile, 1996; Ellinger, 1997).'고 하였다.

코칭 리더십은 다음의 코칭 철학을 지향한다. 첫째, 사람들은 모두 무한한 가능성을 가진 존재라는 것이다. 이는 사람들은 누구나 성장하고 싶은 욕구가 있으며 스스로 변화하고 성장할 수 있는 잠재적 자원이 있다는 의미이다. 둘째, 문제의 해답은 그 사람 내부에 존재한다는 것이다. 이는 사람은 자신의 변화와 성장을 주도적으로 이끌 수 있다는 것을 말한다. 마지막으로 해답을 찾기 위해서는 도와줄 코치가 필요하다는 것이다. 즉, 질문을 통해 생각을 정리하고 해결책을 스스로 찾을 수 있도록 도와줄 협력적 파트너인 코치가 필요하다는 것을 의미한다.

코칭의 철학

- 모든 사람에게는 무한한 가능성이 있다.
- 그에게 필요한 해답은 모두 그 사람 내부에 있다.
- 해답을 찾기 위해서는 도와줄 파트너가 필요하다.

2) 코칭과 유사 개념과의 구분

(1) 상담과 코칭

상담(Counseling)은 과거의 감정적 상처들을 치유하는 데 목적이 있고 심리적으로 취약한 경우 상담적 접근이 더 필요하다. 상담이 심리적 차원을 다룬다면 코칭은 정서적 문제보다는 행동적 변화에 초점을 맞춘다.

(2) 컨설팅과 코칭

컨설팅(Consulting)은 주로 컨설턴트가 문제해결의 주체가 되어 문제를 진단하고 분석하여 해결책을 제시한다. 일방적 관계이고 결과 중심이라 할 수 있다. 이와 반대로 코칭은 고객이 중심이 되며 과정을 중시하고 쌍방향적 관계이다.

(3) 멘토링과 코칭

멘토링(Mentoring)은 멘토가 자신의 삶의 경험에서 획득한 정보와 경험을 전수하는 개념이라 할 수 있다. 반면 코칭은 코칭을 받는 사람과 동등한 관계에서 스스로 잠재력과 해결책을 찾도록 돕는 지원과정이라 할 수 있다.

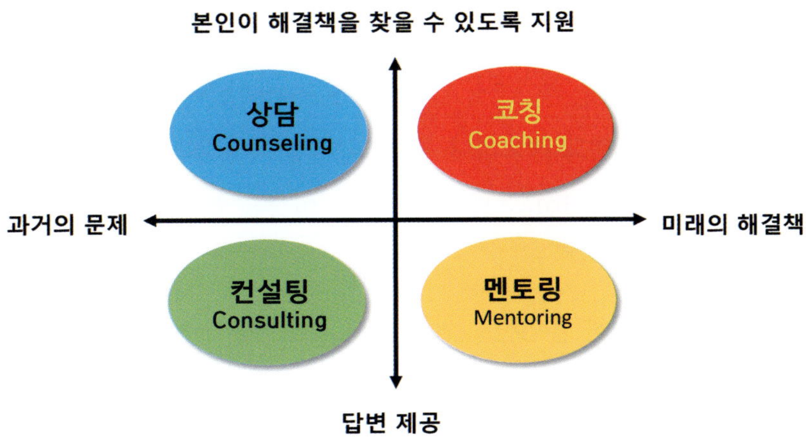

3) 코칭 스킬

(1) 경청

① 경청의 필요성

- 경청이란 상대방의 감정, 기대, 욕구를 이해하려 하는 것이다.
- 사람은 나의 이야기를 잘 들어주는 상대방을 통해 자신의 존재감을 확인한다. 따라서 잘 들으면 상대의 신뢰를 얻게 된다.
- 경청을 통해 내면의 교류가 가능해지며, 상대의 정보 또한 얻게 된다.

② 경청의 방법

- 나의 성급한 판단이나 가정, 선입견, 충고하고 싶은 생각을 버리고 듣는다. 또한, 상대의 말을 끊지 말고 끝까지 들으려 노력한다.

- 상대방이 솔직하게 말할 수 있는 공감적이고 중립적인 분위기를 조성한다.

- 비언어적인 표현도 중요하다. 몸을 상대방의 방향으로 돌리고, 눈을 마주치고, 고개를 끄덕이는 등의 잘 듣고 있음을 행동으로 표현한다.

- 상대에게 완전히 몰입한 상태로 듣되 그 이상의 것을 들으려 노력한다. 감정, 전달 되는 에너지, 욕구 등을 모두 포함하여 표현되는 말 이상의 것을 듣는다.

(2) 질문

질문은 말의 의미를 파악하고 생각을 진전시키기 위해 필수적이다. 질문을 통해 코칭을 받는 사람 스스로 문제에 대하여 객관적으로 파악하고 해결책을 스스로 찾을 수 있게 된다. 이러한 과정은 상황을 객관적으로 바라볼 수 있어 좁은 시야에서 벗어날 수 있게 해 주며, 해결 방법 모색을 스스로 할 수 있게 되기 때문에 적극적 동기부여가 된다. 질문은 깊이 있는 사고를 할 수 있는 열린 질문과 상황을 긍정적으로 바라볼 수 있게 하는 긍정 질문을 하도록 한다.

• 열린 질문

예, 아니오로 답하게 하고, 한정적인 대답만을 하게 하는 질문을 닫힌 질문이라 한다. 열린 질문은 상대방의 관점이나 생각, 감정까지 이끌어 낼 수 있는 질문을 의미한다. 이는 깊이 생각해야만 대답할 수 있어서 생각의 폭과 깊이를 넓힌다.

예시

영화 재미있었어요? → 영화를 보고 어떤 생각이 드셨나요?
회사에 다니는 것에 만족하나요? → 직장 생활에 대한 만족도는 얼마나 되나요?

• 긍정 질문

긍정 질문은 상황을 긍정적으로 바라볼 수 있도록 하는 질문으로 대답의 폭이 넓다. 주로 'How(어떻게)'를 묻는다. 반면 부정 질문은 대답의 폭이 좁고, 상대방을 긴장하게 만들며 죄책감과 무능력감을 유발한다.

예시

왜 늦은 거야? → 어떻게 하면 지각을 안 할 수 있을까?
성적이 왜 이런 거야? 너는 뭐가 부족하니? → 성적에 대한 너의 생각은 어때?
어떻게 하면 성적을 올릴 수 있을까? 내가 도울 방법은 없을까?

(3) 피드백

피드백을 할 때는 중립적인 관점을 갖는 것이 중요하다. 상대에 관하여 판단이나 평가를 하지 않으며 나의 해결책을 강요하지 않는다. 또한, 나의 관점보다는 상대방 관점에서 대화하며 사실에 초점을 맞춘다. 언제나 상대방을 신뢰하며 수평적 파트너십을 유지하도록 한다.

4) GROW 모델

GROW 모델은 휘트모어(Whitmore, 1992)가 소개한 코칭 기법으로 문제해결에 효과적이며 단계의 절차가 간단하고, 구조화되어 있어 코칭에서 자주 사용되는 기법이다. GROW 모델은 총 4단계로 구성되어 있다. 목표를 설정(Goal)하고, 나의 현재 상황을 파악(Reality)한 후, 개선 가능한 대안을 탐색(Options)하고, 실행 계획과 의지(Will)를 확인하는 과정으로 이루어져 있다.

(1) Goal(목표 설정): 초점 맞추기

코칭 대화의 첫 번째 단계는 주제를 정하고 목표를 파악하는 것이다. 그리고 원하는 결과와 그것이 본인에게 어떤 의미가 있는지 그 이유를 파악하게 한다. 가능한 대화문의 예는 다음과 같다.

- 오늘은 어떤 주제로 이야기를 나눌까요? 어떤 점에서 이 주제를 선택하고 싶습니까?
- 가장 시급하거나 중요한 과제는 무엇일까요? 그것은 당신에게 어떤 의미입니까?
- 당신이 진정 원하는 것은 무엇입니까? 현재 상태와 원하는 상태를 'A에서 B로' 표현해 보세요.

(2) Reality(현실 파악): 상황파악과 대안 탐색

이 단계에서는 목표와 이슈에 대한 원인을 파악하고 해결을 위한 대안들을 탐색한다. 이 과정을 통해 자신이 어떠한 것에 가치를 부여하는가를 이해할 수 있고, 목표와 현재 상태를 객관화해서 바라볼 수 있게 된다. 대화문의 예는 다음과 같다.

- 목표를 이루기 위해 무엇을 할 수 있을까요?
- 지금 현재 상황은 어떤가요?
- 문제의 원인은 무엇이라고 생각하나요? 또 다른 이유가 있을까요?

(3) Options(대안 선택): 실행계획 수립

목표와 현실의 차이(Gap)을 좁히는 방법을 탐색한다. 그 방법들의 우선순위를 정하고 실행계획을 수립한다. 질문의 예는 다음과 같다.

- 목표를 달성하기 위해 구체적인 방법은 무엇들이 있을까요?
- 가장 먼저 해야 할 방법은 무엇일까요?(어떤 방법이 가장 효과적일까요?)
- 언제까지 실행할 계획인가요?

(4) Will(의지): 실행 의지 확인

실행 계획의 실천 의지를 다지는 단계이다. 예상되는 장애요소와 극복 방안 또한 탐색한다. 그리고 코칭을 통해 깨닫게 된 점 등을 정리한다.

- 목표 실행에서 예상되는 장애는 무엇이 있을까요?
- 그 장애 요인을 제거하기 위해서는 당신은 어떻게 변화하시겠습니까? 누구의 도움을 받을 수 있나요?
- 오늘 대화를 하면서 느낀 점을 정리해 주세요.

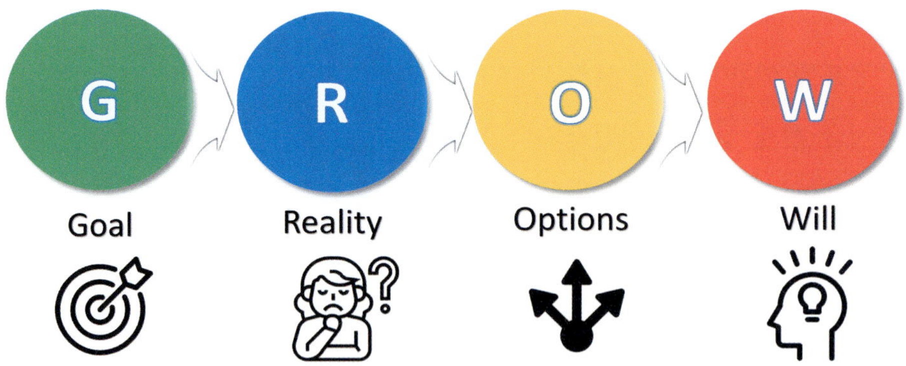

Activity

함께 생각해 봐요

다음의 두 사례를 보고 팀원들과 토론하여 발표한다.

<사례 1> 영화 '홀랜드 오퍼스(Mr. Holland's Opus)'의 한 장면

고등학교 오케스트라의 한 학생이 연이은 연주 실수에 좌절해 오케스트라 탈퇴서를 내고 돌아서려고 할 때 음악 선생님이 '코칭의 대화'를 시도한다.

"넌 왜 음악을 한 거니?" "재미있고, 감동을 주니까요"

"그런데 넌 재미가 아니라 악보만 보고 연주하려 하는구나. 악보가 음악의 전부니?"

"아니요."

"악보를 보지 말고 한번 연주해 보거라." "예" (학생은 실수를 저지른다.)

"넌 잘할 수 있어. 스스로 못 믿을 뿐이지. 다시 해 보렴." "예" (다시 실수)

"거울로 널 보면 어디가 제일 맘에 드니?" "저녁노을 같은 제 머리카락이요."

"눈을 감고 노을을 생각하면서 연주해 보렴." (이번엔 성공한다.)

"아! 제가 틀리지 않고, 해냈어요."

<사례 2> 업무상 실수를 한 부하와 상사의 대화

업무상 실수를 한 부하에게 부장이 화난 얼굴로 쓴소리를 던진다.

"이봐, 모르면 물어봐야 될 거 아냐. 당신 맘대로 하면 어떡해?"

"죄송합니다. 부장님."

"정말 이렇게밖에 못하나?"

"면목 없습니다."

"속 터져. 좀 잘해 봐."

부하는 고개 숙인 채 뒤돌아선다.

출처: 조선닷컴(2010.12.04.). 기사 내용 일부 발췌.

질문

① 〈사례 1〉의 선생님과 〈사례 2〉 상사의 대화법 차이를 분석하시오.

② 〈사례 2〉의 상사가 부하에게 코칭 대화 기법을 시도한다면 어떻게 해야 할지 대화문을 만드시오.

2. 셀프 리더십

1) 셀프 리더십이란

전통적으로 리더는 타인에게 영향력을 미칠 수 있는 능력을 갖춘 사람이며, 리더십은 한 개인이 타인에게 영향력을 미치는 것으로 인식돼 왔다(Manz & Sims, 1990). 그러나 빠르게 변화하는 경영환경과 자율성의 가치를 중시하는 신세대 구성원들을 관리하기 위해서는 기존의 리더십은 한계를 보였고, 새로운 관리기법이 필요하게 되었다. 만즈(Manz, 1986)는 권위와 위계질서가 강한 전통적인 리더십의 한계를 극복하는 방법으로 자율성에 기반을 둔 셀프 리더십(self-leadership)의 개념을 제시하였다.

셀프 리더십은 자기 관리(self-management)를 확장한 개념으로, 일반적인 정의는 '스스로 자기 자신에게 지속적으로 영향력을 미치는 과정'이라 할 수 있다. 즉, 구성원들이 업무수행에 스스로 주체성(self-direction)을 가지고, 동기부여(self-motivation) 함으로써 스스로 자신에게 영향력(self-influence)을 미치는 과정을 의미한다(Manz, 1986; Manz & Sims, 1995; Neck & Houghton, 2006).

만즈와 심스(Manz & Sims, 1990)에 의하면, 높은 셀프 리더십을 발휘하는 구성원은 스스로 목표를 설정하고, 목표달성을 위해 자발적으로 노력하며, 업무 성과에 대해 스스로 보상하는 특징을 가지고 있다. 이는 셀프 리더십을 통해 구성원 개인이 타인에 의해 지배되지 않고 스스로 자신의 목적을 달성하기 위해 노력하는 과정을 통해 성취감과 자기효능감을 느끼게 되는 것을 의미한다. 셀프 리더십을 통해 획득하는 높은 목적의식, 효능감 및 유능감은 구성원들의 내재적 동기를 증가시키고, 조직과 직무에 대한 구성원들의 긍정적인 태도와 행동(예: 만족, 몰입 및 성과)을 증가시킨다(Sesen et al., 2017; Neck & Houghton, 2006).

2) 셀프 리더십의 구성요소

셀프 리더십이란 누구나 리더가 될 수 있다는 것을 규정하는 개념이다. 만즈는 셀프리더가 되기 위한 구성요소를 다음과 같이 제시하고 있다.

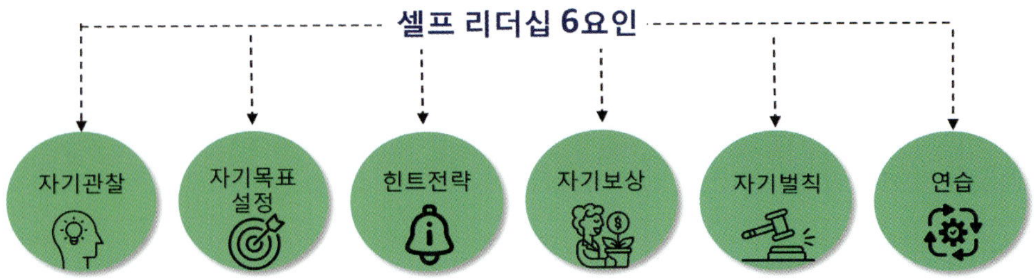

(1) 자기관찰

자기관찰이란 어떠한 상황에서 특정한 행동을 보이는 패턴을 알아차리고 그 이유에 대하여 탐색해 보는 것이다. 이를 통하여 자신을 객관화하여 살펴보고 변화 전략을 세울 수 있다.

(2) 힌트전략

중요한 것을 기억해 내고 자신의 관심을 집중하려는 방법이 힌트전략이다. 자신의 목표를 컴퓨터 배경화면으로 해 놓는다던가, 신념을 잘 보이는 곳에 써 놓거나, 그날 해야 할 일 목록을 책상 앞에 붙여 놓는 등의 방법이 그 예이다. 이러한 것들은 주의를 환기시키고 동기를 부여한다.

(3) 자기목표 설정

자기목표 설정은 자신이 진정으로 원하는 목표를 세우는 것을 의미한다. 가치관에 근거한 삶의 목표를 설정하는 것은 강력한 동기유발의 효과를 가져온다. 더불어 구체적으로 행동화 할 수 있는 단계 목표를 계획한다.

(4) 자기보상

자신의 바람직한 행동에 대하여 스스로 정서적, 물질적 보상을 주는 것을 의미한다. 효과적인 자기보상을 위해서는 동기부여되는 물질적, 정신적 요인들이 무엇인지, 그 이유 또한 파악하고 있어야 한다.

(5) 자기벌칙

자기벌칙이란 자신에 대한 객관적인 평가를 통한 자기반성을 의미한다. 자신이 계획을 실천하지 못했을 경우 실수를 반복하지 않도록 스스로에게 어떠한 제한을 하는 것이다. 자기벌칙은 지나칠 경우 자신감이 저하되는 등 부정적 결과로 연결될 수 있으니 유의한다.

(6) 연습

연습이란 꾸준한 반복적 행동을 통해 자신이 원하는 모습으로 변화시키는 것이다. 반복적 행동을 지속적으로 하는 것은 긍정적 행동 패턴을 만드는 것으로, 이를 통해 자신을 단련시킬 수 있다.

Activity

함께해요

다음은 이번 장에서 학습한 코칭 리더십과 셀프 리더십의 내용을 적용한 질문들이다. 질문에 솔직하고 구체적으로 응답하여 자신이 원하는 모습을 구체적으로 확인해 보자.

- 10년 후 당신은 어떻게 되고 싶은가? 가장 이상적인 당신의 모습은?

- 그것은 당신에게 어떤 의미인가?

- 현재 상황은 구체적으로 어떠한가?

- 지금 제대로 이루어지고 있는 일 중 지속되고 확대되어야 하는 부분은?

- 목표까지 도달하기 위한 구체적 해결방안들은 무엇인가?

- 그중에서 집중하고 싶은 것은?

- 예상되는 장애물은 무엇인가, 그것을 어떻게 극복할 것인가?

- 정리된 생각이나 깨달은 점은?

Chapter 07

동기부여

학습목표

1. 동기부여의 개념과 중요성에 대하여 이해한다.
2. 동기부여 이론에 대하여 학습한다.
3. 목표설정과 마인드셋에 대하여 이해하고 적용한다.

Chapter 07

동기부여

1. 동기부여의 이해

1) 동기부여의 필요성과 정의

A팀장이 있다. 그는 회사에서 누구보다 바쁜 사람 중 하나이다. 아침 일찍 출근해 야근을 밥 먹듯이 한다. 그는 팀원들의 업무를 세세하게 확인하고 지시하며 보고서 작성까지 꼼꼼히 확인하느라 늘 바쁘다. 그러나 직원들은 그의 지시 없이는 업무가 진행되지 않아 업무의 효율이 떨어지고 있으며 A팀장의 잔소리는 늘어만 가고 있다. 그는 자신이 없으면 회사가 돌아가지 않는다고 자부심을 느끼기도 하지만, 최근 진급에서 탈락하고 상사로부터 리더십이 없다는 평가를 받아 혼란스럽기만 하다. 반면 동기인 B팀장은 늘 여유롭다. 야근은 거의 하지 않는다. B팀장

의 팀원들은 특별한 지시 없이도 일을 찾아서 하며 아이디어도 새롭고 팀 분위기는 늘 활기차다. 최근 B팀은 최고의 실적을 보였고, 덕분에 B팀장은 동기 중 가장 먼저 진급도 하게 되었다. A팀장은 무엇을 놓치고 있는 것일까? 누구보다 열심히 사는 A팀장은 어떻게 하면 리더십이 있다는 말도 듣고 직원들의 업무 효율을 올릴 수 있을까?

어린 왕자의 저자로 유명한 생텍쥐페리(Saint-Exupéry)는 "당신이 배를 만들고 싶다면, 사람들에게 목재를 가져오게 하고 일을 지시하고 일감을 나눠 주는 일을 하지 마라, 대신 그들에게 저 넓고 끝없는 바다에 대한 동경심을 키워 줘라"라고 말했다. '동기부여'는 리더십의 핵심 개념이다. 성과를 이루고 목표를 실현하려면 먼저 팀원들을 동기 부여하는 것이 필요하다. 리더는 팀을 이끄는 사람이기 때문이다. 팀의 구성원들이 다른 사람의 지도를 받지 않고 자기 소신껏 업무를 처리하도록 후원하며 그들의 잠재력을 이끌어 내도록 하는 것이 동기부여이며 이는 리더의 필수조건이라 하겠다. 그렇다면 B팀장은 어떻게 팀원들을 동기부여 한 것일까. 그는 팀원들이 일하는 데 불편할 요소들을 제거하고 조율하며 그들의 재능을 인정하며 기회를 주었다. 휴가며 퇴근 시간으로 눈치 보게 하지 않았고 다른 팀과 마찰이 생기면 나서서 풀어 주었으며, 모르는 것이 있으면 솔직하게 묻고 의견을 구했다. 이것이 그의 탁월한 점이었고 이는 팀원들의 동기부여와 성과로 이어진 것이다.

이렇듯 리더라면 구성원들이 좋은 성과를 내도록 동기부여 할 수 있는 능력을 반드시 갖추어야 한다. 직원들의 상황과 특성을 이해하여 그에 맞게 동기부여를 하는 것이 리더의 조건이기 때문이다. 또한, 리더는 스스로 동기를 부여할 수 있어야 한다. 왜냐하면 일하는 당사자도 스스로 일이 즐거워야 성과도 오르고 타인에게도 긍정적 영향을 줄 수 있기 때문이다.

동기부여(動機附與: Motivation)는 '움직이게 하다'라는 의미로 심리학에서는 다음과 같이 정의하고 있다.

> 동기부여(Motivation)란 '특정한 행동의 시작 여부(arousal), 방향성(direction), 지속성(persistence)을 결정하는 내적인 상태 또는 힘'

즉, 특정한 목표나 결과를 성취하고자 강한 의지로 자발적인 동기를 발생시켜(시작 여부), 목표를 이루기 위한 구체적인 행동을 하며(방향성), 시간이나 다른 상황을 넘어 유지되도록 하는 것(지속성)을 의미한다. 동기부여는 이 세 가지 요소가 다 갖추어져야 완성되는데, 예를 들어 영어 공부를 하기로 마음먹은 사람이 학원만 등록하고 공부를 지속해서 하지 않으면 이는 동기부여가 되지 않은 것이다.

동기는 정서, 감정, 욕망, 열정, 태도, 관심, 신념, 흥미 등의 현상으로 이성, 합리성과는 다르게 정서적이고 비합리적인 특성을 보인다. 또한 동기는 시간의 경과나 상황의 변화에 따라 동기의 요인과 수준이 변화하고, 개인에 따라서도 동기요인이 다르게 나타난다.

2) 내적동기와 외적동기

동기는 행동을 유발하고 방향을 지어 주는 힘을 의미하며(Petri, 1996), 어떻게 유발되었느냐에 따라 크게 내적동기와 외적동기로 구분된다.

(1) 내적동기(Intrinsic Motivation)

내적동기는 어떠한 행동의 원인이 그 사람의 내부에 있는 것이다. 이는 물질적 보상이나 타인의 지시와 같은 외적인 요인이 없는 상태에서 개인의 흥미나 즐거움, 몰입 등 마음으로부터 동기가 나오는 것을 의미하며, 어떠한 활동을 하는 그 자체가 목적이 된다(예: 취미생활 등).

(2) 외적동기(Extrinsic Motivation)

외적동기는 행동의 원인이 외부에 있는 것으로 타인의 평가나 보상, 피드백, 지시, 감시, 마감일 등이 이에 해당한다.

내적동기가 활동 그 자체가 목적이 된다면, 외적동기는 어떠한 활동을 하는 것이 최종 목적이다. 예를 들어, 어떤 학생이 공부 그 자체에 흥미를 느껴 공부한다면 내적동기가 유발된 것이고, 엄마의 잔소리 때문에 공부를 한다면 외적동기에 의한 것이다. 내적동기는 외적동기보다 지속성이 있고 성과가 더 나기 때문에 바람직하다 할 수 있다.

2. 동기부여 이론

동기부여 이론은 인간의 행동에 활력을 주고 유지하는 원동력(동기요인)에 관하여 연구한 것이다. 초기이론들은 인간의 욕구(needs)에 초점을 두었으나, 최근의 이론들은 욕구가 동기를 유발하기까지의 과정이나 적용을 중시하고 있다. 다음은 대표적인 동기 이론들이다.

1) 매슬로우의 욕구단계이론(Maslow's hierarchy of needs)

매슬로우(Maslow, 1943)의 욕구단계이론은 동기부여 이론 중 가장 널리 알려진 이론이다. 매슬로우는 인간을 동기부여 시키는 욕구가 5개의 계층을 형성하고 있다고 하였는데, 충족되지 않은 욕구는 행동의 동기가 된다. 각 요소는 그 하위요소가 충족될 때 상위요소가 충족될 수 있으며, 최상위 욕구가 해소될 때 사람은 가장 높은 수준의 행복감을 느낄 수 있다고 하였다. 여기서, 생리적 욕구와 안전 욕구는 기본적 욕구가 되며, 소속과 사랑의 욕구와 존중의 욕구는 심리적 욕구가 되고, 자아실현 욕구는 자기충족 욕구가 된다(Maslow, 1964).

(1) 생리적 욕구(physiological needs)

생존에 꼭 필요한 욕구로서 가장 기본적인 의, 식, 주 등을 충족하는 것(예: 음식, 물, 옷, 따뜻함, 휴식 등)

(2) 안전 욕구(safety needs)

외부의 위험으로부터 보호받고 싶고 안전한 피난처를 원하는 욕구

(3) 소속과 애정 욕구(love/belong needs)

소속과 애정에 관한 욕구. 가족, 친구, 친척 등과 친밀한 관계를 맺고 원하는 집단에 소속되고 싶은 욕구

(4) 존중의 욕구(esteem needs)

자아 존중, 자신감, 성취, 타인으로부터 존중과 인정을 받고자 하는 욕구

(5) 자아실현 욕구(self-actualization needs)

자기 발전을 위해 자기 잠재력을 극대화하려는 성장 욕구. 잠재적 역량을 최고로 발휘하여 자신의 분야에서 최고가 되고자 하는 욕구

매슬로우의 욕구 5단계 이론

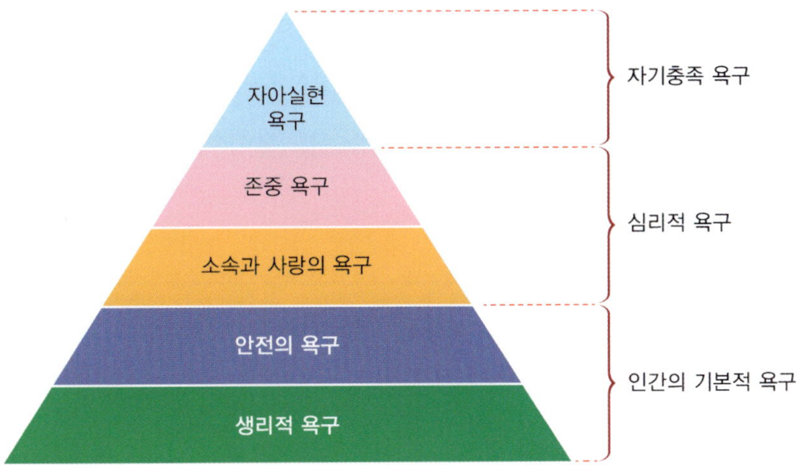

2) 허츠버그의 2요인 이론

허츠버그(Herzberg)는 직원이 직무를 수행하는 데 만족과 불만족 원인을 밝혀내기 위해 연구를 진행하였는데, 이를 2요인 이론(two-factor theory), 동기－위생이론(motivation-hygine theory)이라 한다. 이는 직원의 동기부여(만족)요인과 위생(불만족)요인이 각각 서로 다른 차원에서 존재한다는 것인데, 기본적 근무 환경인 위생요인은 불만을 해소하고 동기요인은 만족도를 높인다는 설명이다. 그 구체적 내용은 다음과 같다.

(1) 동기요인

주로 직무 자체와 연관된 것으로 성취감, 직무 자체가 주는 흥미, 책임감, 발전성(승진), 성장 가능성 등이 동기요인에 해당한다. 동기요인은 직무 수행을 통하여 충족할수록 만족도가 높아지며, 성과도 높아진다.

(2) 위생요인

직무 수행상의 작업 환경 및 근무조건 등 직무 외적인 요소에 관계되는 것으로 급여, 회사정책과 행정, 감독자의 관리, 상사나 동료와의 인간관계, 작업 환경 등이 해당된다. 이러한 위생요인은 불편함을 회피하려는 인간의 욕구를 충족시키는 것으로 불만족은 줄일 수 있으나 만족도를 높이지는 못한다.

동기요인과 위생요인

위생요인 (직무 불만족의 원천)	동기요인 (직무 만족의 원천)
급여	성취감
직위	자율성
회사의 정책과 행정	칭찬이나 인정을 받을 수 있는 기회
상사, 동료와의 인간관계	직무 자체의 흥미
근무 조건	책임감
작업 환경	발전 가능성

Activity

함께 생각해 봐요

생명 불어넣는 칭찬 · 격려의 힘…'피그말리온 효과'

피그말리온 효과는 그리스신화에 나오는 조각가 피그말리온의 이름에서 유래되었다. 조각가였던 피그말리온은 자신이 이상적으로 생각하는 여성의 모습으로 여인상을 조각하고, 여인상을 갈라테이아라고 이름 짓는다. 그리고 여인상을 실제 사람처럼 대하며 여인상을 진심으로 사랑하게 된다. 피그말리온은 여신 아프로디테에게 갈라테이아를 아내로 맞을 수 있게 해달라고 기도했고, 이후 아프로디테는 피그말리온의 사랑에 감동하여 갈라테이아에게 생명을 불어넣어 준다.

이러한 긍정적 기대의 효과는 로버트 로젠탈(Robert Rosenthal) 교수의 실제 실험으로도 증명된 바 있다. 하버드대 사회심리학 교수인 로젠탈은 캘리포니아의 한 초등학교 교장 레노어 제이콥슨(Lenore Jacobson)과 함께 해당 초등학교에서 전교생을 대상으로 지능검사를 실시했다. 이후 반마다 무작위로 20%가량의 학생을 뽑아 그 명단을 교사에게 전달했다. 명단에는 '지적 능력이나 학업 성취의 향상 가능성이 높은 학생들'이라는 첨언이 달려 있었다. 8개월 후 두 사람은 다시 전교생을 대상으로 동일한 지능검사를 실시했다. 그런데 놀랍게도 교사들에게 나눠 준 20% 명단에 속했던 학생들의 평균 점수가 다른 학생들보다 두드러지게 향상되었다. '지적 능력이나 학업 성취의 향상 가능성이 높은 학생들'이라는 첨언을 본 교사들이 상위 20%에 해당한다고 믿은 그 학생들에게 높은 기대를 갖고 격려를 아끼지 않았고 그 결과, 학생들의 지능검사 점수가 크게 향상된 것이다.

피그말리온 효과는 일상에서도 이미 많은 좋은 사례가 있다. 회사에서 상사가 부하직원을 믿고 긍정적인 기대를 표현한 것이 직원의 근로의욕과 생산성 향상으로 이어지는 사례가 있고, 병원에서 환자들에게 병이 나을 것이라는 기대와 긍정적인 격려를 해 주는 것이 실제로 병이 낫는 데 도움이 됐다는 사례도 많다. 세계적인 제조기업 GE의 전 회장인 잭 웰치와 관련된 유명한 일화도 있다. 잭 웰치는 어린

시절에 말을 심하게 더듬어 놀림을 받았다고 한다. 그러나 잭 웰치의 어머니는 그에게 늘 격려를 아끼지 않았다. 그의 어머니는 "너는 생각의 속도가 너무 빨라서 그 속도를 입이 따라가지 못하기 때문에 말을 더듬고 있는 것뿐이다. 걱정할 필요 없다. 너는 분명 나중에 훌륭한 사람이 될 것이다."고 말하며 잭 웰치를 격려했다. 잭 웰치가 어떤 사람이 되었는지는 이미 증명되었다.

출처: 매일경제(2020.03.18.) 기사 일부 발췌.

생각해 보기

위의 피그말리온 효과와 로젠탈 효과에서 보듯이 긍정적 기대와 피드백은 다양한 면에서 좋은 영향력을 미칠 수 있음을 미루어 짐작할 수 있다. 그렇다면 그 이유는 무엇이며, 구체적인 효과는 무엇일지 조원들과 함께 생각해 보자.

① 긍정적 기대와 인식은 왜 좋은 효과를 얻을까?

② 개인 차원과 조직 차원에서 긍정적 기대와 인식이 가져오는 구체적인 효과는 무엇이 있을지 생각해 본다.

③ 스스로에게 주고 싶은 '긍정 확언' 메시지를 3개 이상 적어 본다. 긍정 확언 메시지는 '무조건 잘 될거야' 보다는 '______ 한 면에서 잘하고 있어, 앞으로 ______ 한 모습으로 살게 될 거야'와 같이 구체적인 내용으로 적는다.

3) 자기결정이론(Self-Determination Theory)

자기결정이론은 데시와 라이언(Decy & Ryan, 1970)에 의해 소개된 이론으로 인간은 원래 성장의 동기를 지니고 있으며 환경에서 능동적으로 기능할 수 있는 존재이기 때문에, 스스로 선택한 것을 성취하기 위해 노력한다는 관점이다.

예를 들어, 내적동기(즐거움, 보람 등)로 일을 하는 사람에게 외적보상(급여)을 지급하면 오히려 동기가 감소한다. 무료로 봉사활동을 열심히 하던 사람에게 봉사료를 지급하면 '내가 이거 받으려고 이 일을 하나' 하며 일에 대한 동기가 감소한다는 것이다.

이를 학습 동기로 살펴보면 학습자가 스스로 학습하겠다고 결정하면 학습 동기가 상승하여 더 높은 성과가 나오지만, 학습자가 강요나 압력에 의해 학습하게 될 때 학습 동기는 감소한다.

자기결정성 동기 단계

단계	특징	예시
무동기	무의도, 무가치, 낮은 유능감	지금 하는 일이 계속해야 하는 것인지 모르겠다. 하긴 하지만 왜 하는지 모르겠다.
외적 조절 동기	외적보상(보상, 처벌)	내가 공부(일)를 하는 이유는 부모님이 원하기 때문이다. 돈 때문에 이 일을 한다.
부과된 조절 동기	자기통제, 자아개입, 자존감 유지	내가 공부(일)를 하지 않으면 죄책감이 들어서이다. 하지 못했다는 자책감을 피하고자 일한다.
확인된 조절 동기	개인적 중요성, 의식된 가치부여	공부(일)를 하는 이유는 내 인생에 중요하기 때문이다. 내 일(공부)이 가치가 있다고 생각하기 때문이다.
통합된 조절 동기	자기의 가치와 일치, 통합	일의 목표와 나의 목표가 일치하기 때문에 한다. 공부(일)가 나에게 큰 부분이기 때문에 한다.
내적 조절 동기	행동 자체에 만족, 내적 즐거움	공부(일) 하는 것 자체가 즐거워서 한다. 지금 하는 공부(일)가 나를 몰입하게 만든다.

3. 목표 설정과 마인드셋

1) 목표 설정

(1) 목표 설정

삶을 살아감에 있어 목표는 가야 할 방향을 제시하고 집중하도록 도와주는 역할을 한다. 목적지가 없으면 길을 헤매지만, 목적지가 있으면 구체적 방법을 찾고 도달할 가능성이 더 커지기 때문이다.

목표는 원하는 이상적 상태와 현 상태가 불일치함을 지각할 때 생기는데, 데시와 라이언(1985)은 기대 가치 이론에서 특정 결과를 실현하고자 하는 동기는 그 결과에 대한 가치와 이를 실현할 수 있다는 기대로 인해 형성된다고 하였다. 즉, 목표 설정은 그 목표가 자신에게 가치가 있어 스스로 선택한 것이어야 하며, 목표를 달성할 수 있는 실현 가능성이 있을 때 생기게 된다.

목표는 그 목표가 '구체적'이고, 쉬운 것보다는 약간 '어려운' 것일수록 더 효과적이다. 예를 들어, 공부를 '열심히 해야지'보다는 '하루에 단어 30개를 등교할 때 외운다'가 더 실현 가능성이 커지게 되는 것이다. 또한, 약간 '어려운' 목표는 성취동기와 유능감이 생기기 때문에 개인의 성장 욕구를 충족시키게 된다.

목표설정시 고려해야 하는 것

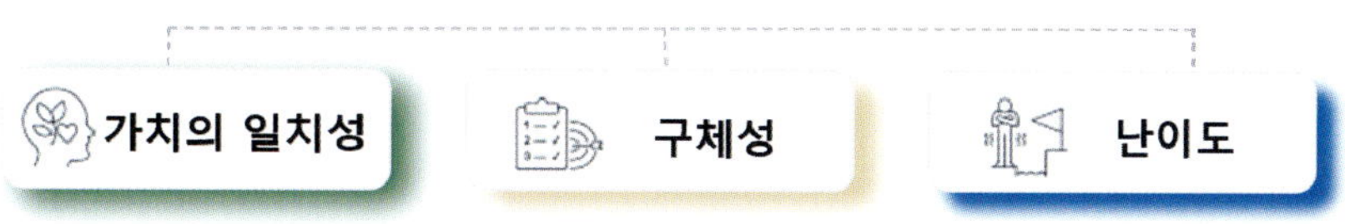

(2) 목표 추구

목표 추구란 목표 달성을 위해 자신의 노력과 끈기, 주의 집중과 전략을 사용하는 과정이다. 목표 추구 과정에서는 목표 그 자체에 초점을 두기보다는 목표 달성 과정과 방법을 모색하는 것이 더 도움이 된다. 이를 '과정 중심의 시뮬레이션'이라 하는데 목표 수행의 구체적 행동을 언제 어디서 얼마나 할 것인지를 계획하고 반복적으로 이미지 트레이닝을 하는 것이다. 이때 효과적인 것이 'If then(~하면 ~한다)'인데, 예를 들어 다이어트를 하기 위해 '만약 계단이 보이면, 걸어 올라간다'라거나, 영어 공부를 위해 '아침 8시면 단어를 외운다'와 같이 계획을 세워 목표 수행 의도를 높일 수 있다.

(3) 목표 이탈

목표 이탈은 목표 달성이 불가능하거나 노력과 전념을 하지 못할 경우 생기게 되는데, 이때는 대안 목표를 설정하는 것이 필요하다.

2) 마인드셋(Mindset)

마인드셋은 한 사람이 자신의 능력과 재능에 대해 가진 내재적 신념을 의미한다. 즉, 무엇인가에 대해 어떠한 관점과 태도를 보이는 것으로, 각자 어떠한 마인드셋을 소유했느냐에 따라 행동의 선택과 방향, 그리고 지속성이 달라진다.

예를 들어 보자. 취업준비생인 A는 자신이 지원한 회사면접에서 실패한 후 크게 낙심했다. 그는 자신이 지닌 여러 가지 조건들이 형편없다고 판단했고 다른 회사에 또 지원하는 것이 무슨 의미가 있겠냐며 더 이상의 입사 지원에 대해 두려운 마음을 갖게 되었다. 반면 그와 같은 곳에 지원했던 학교 동기 B는 같은 상황을 다르게 여겼다. 그 역시 입사 면접에서 떨어졌지만, 이 경험이 좋은 연습이 되었다고 여겼으며 더 수정하고 보완하였다.

마인드셋은 자신의 지능이나 능력이 개인의 노력에 따라 긍정적으로 변화할 수 있다고 믿는 성장 마인드셋(growth mindset)과 아무리 노력해도 개인의 지능이나 능력은 타고난 것이며, 변화할 수 없다고 믿는 고정 마인드셋(fixed mindset)으로 나뉜다(Dweck, 2006). 성장 마인드셋을 지닌 사람은 어려운 문제에 대하여 회피하지 않고 오히려 성장의 기회로 여기고 더욱 노력하고 발전하려 한다. 이들은 비판이나 실패를 겸허히 받아들이고 수용하여 더욱 발전하는 계기로 삼는다.

반면, 고정 마인드셋을 가진 사람은 과제에 대하여 자신의 능력을 평가받는 것으로 여겨 부담을 느끼며 실패를 경험하면 무력감과 수치심을 느낀다. 능력이란 타고난 것으로 여기기 때문에 노력으로 발전시킬 수 없다고 여겨 성장이나 발전이 더디게 나타나게 된다. 따라서 자신의 잠재력을 발휘할 수 없으며 낮은 성취를 보이며, 타인의 비판을 비난으로 받아들여 방어적인 태도를 보인다.

성장 마인드셋과 고정 마인드셋의 비교

태도	성장 마인드셋	고정 마인드셋
도전	도전 수용	도전 회피
어려움	어려움에 처해도 포기하려 하지 않음	방어적이 되거나 쉽게 포기함
노력	노력을 숙달의 과정으로 봄	노력을 헛되게 생각하거나 열등한 것으로 봄
비판	비판으로부터 배움	유용하지만 부정적인 피드백을 무시함
타인의 성공	타인의 성공을 통해 교훈을 발견하고 영감을 받음	타인의 성공을 위협으로 간주함
결과	높은 성취를 이룸	일찍 정체되고 잠재력을 발휘하지 못함

출처: Dweck(2006).

Activity

생각해 봐요

고정 마인드셋 VS. 성장 마인드셋

마인드셋은 사고를 어떻게 유연하게 하느냐에 따라 달라진다. 다음의 활동들을 통해 자신의 마인드셋에 대하여 이해해 보고 생각의 전환을 해 보도록 한다.

① 평소 자신은 어떠한 마인드셋을 가지고 있는지 살펴보자. 그 마인드셋의 장점과 단점에 대해서도 생각해 본다.

② 자신의 고정 마인드셋이 있다면, 성장 마인드셋으로 바꾸어 본다. 예를 들어, 부족한 부분을 성장 마인드셋으로 바꾸기 위해 '아직' '지금은' 등의 단어를 사용할 수 있다.

고정 마인드셋		성장 마인드셋
나는 머리가 나쁘다	➜	나는 노력을 통해 더 나아질 수 있다
시도해 봐야 소용이 없다	➜	노력의 경험은 가치가 있다
나는 발표를 못한다	➜	아직은 발표가 떨리지만 외우고 연습하면 나아질 것이다.
나는 가난하다	➜	지금은 돈을 모으지 못했지만 노력하면 모을 수 있다.
	➜	

목표 설정

다음의 제시된 내용에 대하여 목표를 설정해 본다. 설정한 목표에 대하여 우선 순위를 정한 후, 구체적이고 실행 가능한 세부 실천 계획을 세워 본다.

※ ______개월 동안 꼭 이루고 싶은 목표

- 학업, 취업 관련

1.
2.
3.

- 개인 활동 측면(개인의 성장 – 관계, 여가, 건강관리 등)

1.
2.
3.

※ 실천 계획

세부목표	이유	구체적 방법(언제, 어떻게)

Chapter 08

정서 관리

학습목표

1. 감정과 정서의 의미를 살펴 이해한다.
2. 스트레스의 의미와 원인, 조절할 수 있는 방법을 익힌다.

Chapter

08

정서 관리

우리는 지금까지 학교에서 수많은 교육을 받아 왔지만, 감정에 대해 배우거나 다루는 연습을 해 본 적은 거의 없다. 특히 유교 사상이 지배적인 우리 문화의 특성상 감정을 구체적으로 그때그때 말하는 것이 보편화되어 있지 않은 것이 현실이다. 일상 대화 속에서 우리의 감정을 깊이 있게 구체적으로 말하고 표현하는 데 익숙하지 않은 것이다.

한 인간으로 살아가기 위해, 우리는 체력과 지적인 능력뿐 아니라 우리의 마음을 잘 가꾸고 관리해야 한다. 삶의 질이란 결국 심리적인 안녕감을 유지하는 것이 중요한데 그를 위해서는 정서적인 안정이 필수조건이기 때문이다. 이를 위해서는 스스로 자신의 감정을 잘 가꾸고 관리하는 것이 반드시 필요하다. 왜냐하면, 감정이 관리되지 않고 우울하거나 분노에 가득 차 있는 위험 수위에 있을 때에는 삶에 대한 의욕은 물론, 남을 배려하고 친절을 베푸는 것들에 대한 의욕도 생기지 않게 된다. 자신의 감정을 알아차리고 조절하며 관리하는 것에 대해 배우고 연습하게 된다면 자신의 감정에 대한 이해를 토대로 타인의 감정을 읽고 공감하는 능력이 생기게 되어 더 나은 인간관계를 맺을 수 있게 된다.

감성지능(Emotional Intelligence)과 감정을 연구하는 학자와 전문가들은 인간의 감정은 생존과도 직결되어 있으며, 자신의 감정을 알아채고 그 감정이 무엇인지를 아는 것이 감정을 조절하고 관리하는 데 매우 중요하다고 강조한다(Brackett, M & Kremenitzer; Greenberg, Kushce & Riggs, 2004). 현대의 많은 병의 원인이 스트레스라는 사실과 한국의 높은 자살률은, 개인뿐만 아니라 국가적으로도 심각한 상황임을 알려 준다. 이는 우리 모두가 감정이 보내는 신호를 잘 알아채고 이를 잘 조절하고 관리하는 것에 소홀했음을 말해 주고 있다.

스트레스는 내가 받는 스트레스가 어느 수준인지, 스트레스를 다스리는 방법에는 어떤 것이 있는지 잘 알고 적절히 대처할 수 있다면 충분히 잘 관리할 수 있다. 따라서 본 장에서는 감정과 스트레스에 대해 이해하고 스트레스가 인체에 미치는 영향, 스트레스의 원인과 대처방안의 순으로 스트레스에 대해 이해하고 현명하게 대처하는 방법을 모색해 보고자 한다.

1. 감정과 정서

1) 감정이란

감정(感情, Emotion)의 사전적 의미는 '어떤 현상이나 일에 대하여 일어나는 마음이나 느끼는 기분'이다. 이는 라틴어 emovere(움직이게 하다)에서 유래되었다. 두려울 때 도망가려 하고 화가 나면 공격하려 하는 등 각각의 감정은 특정한 방식으로 우리를 행동하게 한다(최해연, 최종한, 2016). 감정에 대한 정의를 살펴보자면 융은 자아와 주어진 내용 사이에서 발생하는 과정(박종수, 2012)이라 말하였고, 플러치크(Plutchik, 1983)는 자극에 대한 추론된 복합적인 반응들의 연쇄로서 인지적 평가, 주관적 변화, 자율신경계 및 신경세포의 각성, 행동 충동성 그리고 복합적인 연쇄를 유발시킨 자극에 영향을 주도록 고안된 행동을 포함한다고 하였다(Shiota & Kalat, 2012; 민경환 외, 2015). 감정은 대상에 대한 평가와 행동에 직접적으로 영향을 미치고 정보처리 과정과 해석 및 의사결정과정에 대하여 영향을 미치기 때문에 매우 중요한 의미를 가진다(Rick & Lowenstein, 2007).

정서(情緖, affect)는 '사람의 마음에 일어나는 여러 가지 감정'이라 정의된다. 정서는 개인의 감정, 생각, 행동 등과 관련된 상태이며, 감정보다는 넓은 의미를 나타낸다(이수상, 2016). 정서는 여러 가지 수준의 처리과정이 통합된 것(Greenburg & Safran, 1987; Greenburg & Paivio, 1997)으로 마이어스(Myers)는 정서를 내적인 생화학적, 외적인 환경적 영향들과 상호작용하는 개인의 마음 상태에 대한 심리적 경험의 복합체로 해석했고, 융은 대체로 감정이 온 다음에 정서적 반응이 생긴다고 여겼다.

이를 정리하여 보자면 감정은 어떠한 대상(사람, 사물, 사건)에 대해 발생되어 느껴지는 세부적인 기분을 의미하고, 정서는 개인이 경험하는 감정과 기분을 포괄하는 전반적인 기분 상태로 이해할 수 있다.

감정과 정서는 용어의 사용에 있어 정서(affect), 기분(feeling) 등과 구분이 모호하여 상호 교환적으로 사용되거나 이를 구분하지 않고 같이 사용되기도 하는데, 그 예로 '감정노동(emotional labor)'에 쓰이는 'emotion'은 정서로 번역되기도 하지만 감정으로 번역되기도 한다.

2) 정서의 특징

(1) 정서는 사람을 행동하도록 조직화한다.

정서는 정신적 기능을 조절하며 사고와 행위를 조직화한다. 정서는 목표의 우선순위를 정하게 하며 특정 행위를 하도록 조직화하는 기능을 한다. 예를 들면, 두려움은 도피라는 목표를 설정하여 우리를 도망가게 만든다. 분노는 장애물 극복이라는 목표를 설정하고 공격 준비를 하게 한다. 정서가 촉발하는 이런 목표는 대개 사회적 유대와 관계된 것들이다. 행복감과 사랑은 협동을 준비시킨다. 슬픔은 뒤로 물러나게 하거나 도움을 요청하게 한다.

또한, 신경과학 이론에 따르면 단순한 감각을 받아들일 때도 처리 과정 초기부터 정서적 처리가 일어나 인간의 반응을 인도한다고 한다. 뇌에 입력된 자극은 사물이나 사건을 인지적으로 처리하는 신피질에 도착하기 전에 정서를 다루는 부위에 먼저 도달한다. 이 과정은 매우 적응적인데, 즉 분석하고 생각하느라 시간을 쓰지 않고 중요한 사건을 신속하게 처리하고 반응할 수 있도록 한다. 예를 들어, 숲에서 들리는 이상한 소리를 확인하는 데 소중한 시간을 쓰지 않고 행동을 먼저 한 후 생각을 나중에 하는 것이 더 나을 수 있다. 숲에서 구부러진 모양을 보았다면 재빨리 뒤로 물러선 다음, 의식적인 분석을 통해 그것이 뱀이 아니라 나뭇가지라는 것을 이해하는 것이 나은 것이다.

인간의 뇌는 의식에 앞서 낯설거나 위험한 상황을 먼저 정서적으로 평가하고 인지로 하여금 낯선 것의 정체가 무엇인지 평가하도록 먼저 경보기를 울리게 만들어져 있다. 따라서 정서는 기본적으로 동기와 행위에 관한 것이며 목표를 설정하고 행동할 수 있도록 준비시키게 된다.

(2) 정서는 적응적이다.

정서는 합리적이거나 비합리적인 것이 아니라 적응적인 것이다. 정서는 삶을 유지하고 영위할 수 있게 하는 내적 신호다. 정서는 생존과 관계된 일에 즉각적으로 반응하게 만든다. 정서는 주의를 조절하고 적응해야 할 일이 있는지 환경을 살피도록 하며 그런 일이 일어나면 경각심을 갖게 만든다. 예를 들어, 두려움은 위험하다는 경고를 보낸 것이고 혐오감은 썩은 것에서 우리를 물러서게 만든다.

수치심이나 죄책감은 우리가 잘못한 일을 일깨워 준다.

(3) 정서는 기억과 사고에 영향을 미친다.

정서는 이성에 강력한 영향을 미친다. 정서는 이성의 영향력이 결정 과정을 강화할 수도 있고 반대로 손상시킬 수도 있다. 정서는 어떤 일에 대한 결과가 자신에게 얼마나 중요한지 의미를 판단하여 결정 과정에 영향을 미친다. 하지만 의식이 작동하기 전에 그 일이 자신에게 얼마나 좋은지 나쁜지 빠르게 평가하기 때문에 선택권이 줄어들 수도 있다. 예를 들어, 어느 대학을 가야 할지, 언제 약속을 잡아야 할지 등에 정서적 선호도가 선택지를 좁게 만들 수도 있다. 왜냐하면, 사람들은 정서적으로 자신이 '좋아하는' 대학이 있고, 자신이 '좋아하는' 시간대를 채택하기 때문이다. 정서는 우리가 가야 할 방향에 대해 직감을 제공해 준다. 잘못될 가능성에 대해 초점을 기울이게 해 주고 위험에서 물러서게 도와준다. 그래서 자동적으로 정서에 따른 평가를 하고 그다음 이성을 써서 합리적으로 분석하게 한다.

버넷(Bernet, 1995)은 사람들이 정서를 처리하는 데 세 가지 다른 지각적 방식을 사용한다고 하였다. 첫째, 몸에 근거한 방식을 쓰는 사람들은 미묘한 신체적 변화를 자각하고 통합하여 정서를 지각한다. 정신건강 측정치와 온정, 삶의 만족도와 긍정적 상관이 있었다. 둘째, 평가를 강조하는 사람은 감정을 외부에서 들어온 것처럼 바라보고 판단하며 이성적으로 해석하려고 한다. 이들은 신경증적 성향이나 경계심, 걱정, 긴장, 불만족과 연관이 높았다. 셋째, 감정을 이해하고 통제하기 위해 이성을 쓰는 논리적 관망 방식이 있었다. 이 사람들은 온정성과 부적 상관이 있었다. 이런 결과를 보면 정서와 반응을 매개하는 신체적 단서를 충분히 인식하고 하지 못하는 것이 신경증의 한 요소가 됨을 알 수 있다. 몸이 느끼는 경험에 대한 인식과 감정을 지각할 수 있는 능력이 정신건강과 적응적 기능을 촉진함을 보여 주고 있다.

(4) 정서는 의사소통이다.

정서는 다른 사람들에게 자신의 의도나 행위 준비성에 대한 정보를 알려 준다. 정서는 기본적 신호체계이며 생존을 강화하기 위해 진화했다고 진화론적 관점에서는 이야기한다. 예를 들어, 유아의 울음은 보호자가 안고 달래게 하는 접근 행동을 유발한다. 반면 분노를 얼굴로 표현한다면 적대적인 의도를 표현하여 파괴적 갈등을 피하게 하는 적응적 기능을 수행한다.

대인관계에서 우리는 끊임없이, 특히 얼굴 표정을 통해 정서 상태에 대한 신호를 주고받으며 이를 통해 상호작용에 대한 정보를 서로 제공받고 조절한다 (Greenber & Johnson, 1988). 친밀한 관계에서 우리는 특히 상대의 상태에 민감하고 수용적으로 반응하며 그러기 때문에 수많은 어려움을 피할 수 있다. 내 정서 상태에 상대가 민감하게 반응한다면 나는 배려받고 있다고 느낄 것이다. 그러나 상대가 내 감정에 관심이 없다고 느낀다면 매번 무시당한다는 느낌이 들 것이다.

(5) 자신의 정서를 신뢰하기

정서를 늘 신뢰해야 하는 것일까? 행동을 하거나 결정을 내리기 위해 맹목적으로 신뢰하는 것에 대한 질문이라면 '아니다'가 될 것이지만 우리가 경험하고 반응하는 것에 대한 일차적 정보의 근원으로 정서를 신뢰한다면 '그렇다'라고 대답하게 될 것이다.

서구에서는 오랫동안 정서를 통제해야 할 것으로 여겨 왔다. 우리는 감정과 조화롭게 살 필요가 있다. 정서에 항복당하거나 지배당하는 것이 아니라 지능, 욕구, 정서를 통합해야 한다. 정서는 이성에 대항하거나 반대되는 것이 아니다. 정서는 삶을 인도하고 관리하며 이성의 부족한 점을 보완한다. 불완전한 지식, 갈등이 되는 선택, 제한된 자원 때문에 합리적인 결정을 할 수 없을 때 우리의 행동을 이끄는 최고의 길잡이는 정서이다(Oatley, 1992).

정서 지능(Emotional Intelligence, Salovey, Hsee & Meyer, 1993)은 자신의 정서를 알고 자각하는 것이 포함된다. 정서 지능에는 정서가 올라올 때 이를 자각하고 목표를 달성하기 위해 정서를 효과적으로 다루는 것까지를 말한다. 정서를 자각할 때 우리는 감정에 압도당하지 않고 스스로를 진정시키고 불안, 분노, 슬픔을 잘 다룰 수 있다. 또한, 정서 지능에는 충동을 통제하고 자신을 동기화시키는 것이 포함된다. 정서적 반응을 늦추거나 지연시키고 심사숙고하는 능력은 인간적인 능력이다. 마지막으로 정서 지능에는 다른 사람의 정서를 인식하고 이를 통해 성공적으로 관계를 맺고 다룰 수 있는 능력이 필요하다.

2. 스트레스의 이해와 조절

1) 스트레스의 의미

(1) 스트레스란?

스트레스(Stress)는 '팽팽하게 죄다'라는 의미의 라틴어 'Stringer'에서 유래된 것으로 삶을 팽팽하게 죈다는 뜻이다. 마음의 안정이나 남과 어울려 사는 것에 큰 불편을 주는 육체적, 정신적 긴장 및 그러한 긴장을 유발하는 것들을 흔히 '스트레스'라고 한다.

또한 스트레스에 강하게 지속적으로 노출될 경우 정신적, 정서적 고갈 상태를 경험하는데 이를 소진(Burnout)이라 한다. 소진 증상을 겪는 사람들은 주로 지속적인 긴장, 우울감, 의욕상실, 냉소적이거나 무관심의 태도를 보이며 자주 아프고 결석이나 결근을 자주하게 된다. 또한, 알코올이나 담배와 같은 위안물에 점점 더 의존하게 된다.

이 책에서는 과도한 스트레스보다 일상에서 경험하게 되는 보편적인 범위의 불안과 스트레스를 다루도록 하겠다.

(2) 불안한 뇌

스트레스가 너무 높으면 자신이 가진 역량을 다 발휘하기 어렵다. 불안과 스트레스가 너무 높아져 힘들다면 전문가를 만나서 조언을 얻어야 할 수도 있다.

스트레스의 생리적 특성을 살펴보자. 불안이나 긴장은 우리 신경계 중 하나인 자율신경계 중 교감신경계가 우세한 상태이다. 자율신경계(autonomic nervous system)는 우리가 의식적으로 통제하는 것이 아니라 상황이나 자극에 대해 알아서

순식간에 반응하는 신경계라서 자율신경계라고 부른다. 자율신경계는 다시 교감신경계(sympathetic nervous system)와 부교감신경계(parasympathetic nervous system)로 나뉜다.

교감신경계가 우세할 때는 근육이 긴장되고, 호흡이 빨라지며, 심장박동이 증가하고, 손에 땀이 나고 소화가 되지 않고 혈압이 올라가는 등 온몸에서 동시다발적인 스트레스 현상이 나타난다. 교감신경계의 반응은 사람이 맹수를 만났을 때 일어나는 반응처럼, 위험에 대처하고자 하는 자동적인 반응이다. 위험에 대해 싸우거나 도망가야 하기에 우리 몸은 온몸에 에너지를 공급한 상태가 되는데, 자동차에 비유하자면 엑셀을 밟는 것과 같은 상태가 된다. 우리가 긴장하거나 불안한 상태가 바로 교감신경계가 우세한 상태이다.

지속적으로 스트레스 상황에 적응하자면 몸은 지치고 힘들기 때문에 우리 몸에는 균형을 잡는 역할을 하는 부교감 신경계가 있다. 부교감 신경계가 우세할 때 대개 우리는 마음이 편안하고 이완되어 있고, 느긋한 상태가 된다. 혈압은 내려가고, 호흡은 깊어진다. 자동차로 치자면 엑셀의 교감신경계에 비해 브레이크를 밟는다고 생각하면 된다.

그렇다면 긴장이나 불안에서 벗어나고자 할 때 부교감신경계를 활성화시키면 될텐데, 그 방법을 익히는 것이 불안 조절법이 된다.

교감신경-엑셀

부교감신경-브레이크

(3) 스트레스의 긍정적인 면

스트레스는 없애야만 하는 것일까. 꼭 그렇지는 않다. 스트레스에는 긍정적인 면이 있다. 하나는 집중에 도움이 된다는 것이다. 예를 들면, 어떤 이유에서 누가 뒤쫓아 온다면, 높은 구두를 신고 있다는 것도 잊고 달리기에 집중하게 될 것이다. 즉, 당신이 느끼는 스트레스는 달리는 것에 초점을 맞추게 한다. 덜 불안하다면 달리기에 덜 집중하게 될 것이다. 시험을 볼 때 전혀 스트레스를 느끼지 않는다면 집중을 유지하지 못해서 잘 해내지 못할 수 있다. 따라서 스트레스의 긍정적인 측면은 스트레스 상황을 중요하게 여기고 집중력을 유지하게 해 준다는 것이다.

두 번째 긍정적인 면은 스트레스가 생리적으로 당신을 각성하게 한다는 것이다. 각성은 몸속의 에너지를 증가시키기 때문에 일을 더 많이 해낼 수 있게 해 주는 측면이 있다. 어떤 사람은 스트레스를 느낄 때, 전혀 느끼지 않을 때보다 그 결과가 더 좋다고 말하기도 한다. 발표나 노래하기 바로 직전, 또 면접에 들어가기 바로 직전에 어느 정도 스트레스를 느끼는 것은 긍정적이라 할 수 있다.

(4) 스트레스의 속성

스트레스의 속성은 다음과 같다.

① 스트레스는 정서적, 감정적, 심리적인 영역뿐만 아니라 신체적인 영역에서도 나타난다.

② 스트레스는 지각하거나 경험하지 않으면 일어나지 않는다. 지각된 스트레스를 실제적 스트레스(actual)라고 하고 지각되지 않은 스트레스를 잠재적 스트레스(potential)라 한다.

③ 스트레스는 아주 없거나 너무 많을 경우에는 부정적 스트레스(distress), 적정 수준으로 유익한 것은 긍정적 스트레스(eustress)로 구분된다.

④ 스트레스는 어느 정도 있느냐의 문제이므로 자신이 어느 정도의 스트레스를 경험하고 있는지를 측정해야 한다.

2) 나의 지각된 스트레스 정도

(1) 스트레스 진단

다음의 문항들에 해당하는 내용을 최근 1개월 동안 얼마나 자주 느꼈는지 표시하시오.

〈전혀 없었다 0　가끔 있었다 1　자주 있었다 2〉

no.	문항	빈도
1	아침에 눈을 뜨는 게 두려운 적이 있다.	
2	늘 쫓기는 느낌이 든다.	
3	나에 대한 안 좋은 소리나 소문에 시달린 적이 있다.	
4	매사에 집중이 안 되고 일의 능률이 떨어진다.	
5	쉽게 부끄러워하고 상대방의 반응에 몹시 민감하다.	
6	식욕이 없어서 잘 안 먹거나 갑자기 폭식을 한다.	
7	일의 분배가 불공정하게 이루어진다고 생각한 적 있다.	
8	기억력이 나빠지고 잘 잊어버린다.	
9	동료가 제멋대로 행동한 적 있다.	
10	잠을 자는 시간이 가장 좋다.	
11	집안 식구들로부터 가정에 소홀하다는 소리를 들은 적 있다.	
12	시간 약속 때문에 압박감을 느껴 본 적 있다.	
13	납득할 수 없는 요구 때문에 골치가 아프다.	
14	내가 하는 일이 지겹게 느껴진다.	

no.	문항	빈도
15	혼자 있는 것이 편하다.	
16	생각이 많아져서 일이 늦어진다.	
17	잠에 잘 못 들거나 깊은 잠을 못 자고 깨는 편이다.	
18	만사가 귀찮고 피로감을 자주 느낀다.	
19	강하다는 소리를 종종 듣는다.	
20	언동이 거칠어진다.	
21	동료와 말다툼을 한 적 있다.	
22	나의 의견이 무시당한 적이 있다.	
23	남들과 터놓고 속 이야기를 하는 걸 꺼린다.	
24	업무 중 때로는 도망가고 싶다.	
25	나는 남들보다 특별했으면 좋겠다.	
26	느닷없이 화가 치밀어 오를 때가 있다.	
27	내 의지와는 전혀 상관없는 일을 한다.	
28	이직을 생각한 적이 있다.	
29	텔레파시, 육감, 사주를 믿는다.	
30	귀가 얇은 편이다.	

출처: 사회복무연수센터 셀프 리더십 과목 스트레스 진단지.

- **스트레스 진단 및 해석**

0~12점: 현재 특별한 정서적 불편을 느끼지 않는 상태

16~25점: 약간의 스트레스가 의심되며 예방책이 필요

26~40점: 중증도 스트레스가 있으며 주변 사람들의 적극적인 도움을 받아야 함

41~60점: 고도의 스트레스로 인해 반드시 전문적인 치료를 받아야 함

(2) 스트레스가 인체에 미치는 영향과 초기 경고

① 스트레스가 인체에 미치는 영향

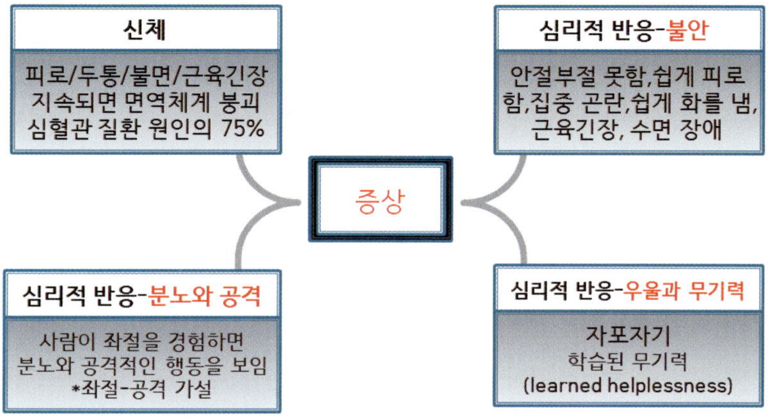

② 스트레스의 초기 경고

- 두통, 수면장애, 위장 장애, 집중력 저하가 자주 있다.
- 조급해져 사소한 일에도 짜증이 난다.
- 일이나 주어진 상황에 대한 불만족감이 생긴다.

3) 스트레스의 원인

(1) 스트레스의 외부 원인

① 생활환경의 변화

경제적, 사회적, 정치적 및 기술적인 변화와 불확실성(배우자의 사망, 이혼, 결혼, 해고, 입학, 경제 사정의 변화 등)

② 물리적 변화

기후, 물, 공기, 주거 환경 및 직무환경(소음, 조명, 온도, 공간, 넓이) 등

③ 그 밖의 상황적 원인

사람들 간의 사회적 관계에서 경험하는 요인들. 예를 들면, 타인의 무례함, 타인과의 갈등, 가족 간의 문제 등

(2) 스트레스의 내부 원인

① 비현실적인 동기

동기의 목표가 부적절하거나 과도하게 잡혀 있는 경우 일상에서 스트레스 반응을 유발하기 쉽다.

② 비합리적 신념

"나는 세상 모든 사람에게 사랑을 받아야 해!" 하는 동기는 어쩌면 '나를 아는 모든 사람으로부터 사랑을 받아야만 가치 있는 사람이 되는 거야' 하는 믿음이 원인이 될 수 있다. 이러한 비합리적 신념은 좌절이라는 결과를 가져와 스트레스의 원인이 될 수 있다.

③ 성격요인

개인의 성격 혹은 행동 특성에 따라 스트레스를 더 받는 경우가 있다. 스스로에게 과도한 목표 설정을 하고, 미리 걱정하며, 대인관계에서 경쟁적이고 적대적인 성향을 지닌 특성을 가진 성격의 사람들은 더 스트레스를 받을 확률이 높다. 또한 반대로 자기주장이 약하며 타인의 기대를 만족시키기 위해 노력하는 경향이 강한 억제적 유형도 만성 스트레스로 인해 면역반응 손상과 관련될 확률이 높다고 한다.

④ 신체요인

몸과 마음은 연결되어 있기 때문에 몸이 아프면 스트레스가 증가될 수 있고, 스트레스의 반응으로 몸이 아플 수도 있다. 몸을 건강하게 관리하는 것만으로도 스트레스를 줄일 수 있다.

4) 스트레스 조절

(1) 심호흡

심리적으로 불안하게 되면 사람들은 가슴에서 하는 흉식 호흡을 하게 되고 호흡은 얕아지게 된다. 반대로 사람들이 이완을 하게 되면 호흡은 자연스럽게 복부에서 나오게 되고 숨이 길어진다. 거꾸로도 가능하다. 즉, 호흡을 깊고 편안하게 하여 불안을 조절할 수도 있다는 것이다. 호흡하는 방법을 배워 스트레스 상황에서 실시하게 되면 교감신경계가 진정하는 효과를 얻을 수 있다.

- 편한 자세로 앉는다.
- 공기가 코로 들어왔다가 나가는 것에 집중하면서 코를 통해 호흡한다. 4~5회를 한다.
- 배를 이용해 좀 더 깊이 숨을 쉬어 본다. 처음에는 한 손을 아랫배 위에 얹고, 숨을 들이쉴 때 손이 위로 올라가고, 내쉴 때는 아래로 내려가는 것을 느껴보고 4~5회를 한다. 익숙해지면 손을 떼고 계속한다.
- 배 안에 풍선이 있다고 상상하면서, 매번 숨을 들이쉴 때 공기가 흘러들어 배와 허파를 채우는 것을 상상해 본다. 처음에는 배 안으로 먼저 갔다가 그 다음 가슴 꼭대기까지 올라가서 채우게 된다. 같은 방법으로 숨을 내쉴 때

공기가 허파에서 먼저 나와 그다음 배에서 나오게 된다. 마찬가지로 4~5회 실시한다.

- 호흡 속도를 천천히 하기 위해 숨을 들이쉬고 내쉴 때마다, 천천히 셋을 세며 들이마시고, 넷을 세면서 숨을 내쉰다. 4~5회 실시한다.
- 날마다 5~10분간 연습해서 일상생활의 한 부분으로 만들도록 한다.

이 방법의 이점은 매우 쉽고 효과가 좋으며 언제 어디서나 할 수 있다는 점이다.

(2) 오감 안정법

앞서 설명한 부교감신경계를 우세하도록 하자면 우리 몸에게 지금 여기가 위험한 곳이 아니라는 것을 알려 주어야 한다. 교감신경계의 반응은 상황이나 자극이 위험하다고 판단될 때 순간적으로 일어나는 것이기 때문이다. 지금 여기의 상황을 알도록 하기 위해 할 수 있는 간단한 방법이 시각, 청각, 후각, 미각, 촉각이라는 우리 몸의 다섯 가지 감각을 이용하는 것이다. 우리 뇌에게 지금 여기에 존재하고 있다는 것을 알려 주는 것이기 때문에 감각에 집중하는 것이 초점이다.

- 천천히 목을 돌려 주위를 돌아보며 보이는 것 세 가지를 알아차린다.
- 귀를 기울여 가까이나 멀리서 들리는 소리 세 가지를 알아차린다.

- 냄새 세 가지를 찾아 알아차린다.
- 내 손에 닿는 물건의 세 가지 특성을 알아차린다. 예를 들자면, '지금 내 옷은 조금 폭신하고 껄끄럽기도 하고 약간 따뜻하다'라는 식으로 알아차리면 된다.
- 입안의 느낌, 즉 미각을 알아차린다. 대개 별 맛이 느껴지지 않기도 하지만 알아차리려는 시도, 주의 전환 자체가 도움이 된다. 맛이 느껴지지 않으면 입안의 매끄러운, 촉촉한 느낌과 맛을 알아차려도 된다.
- 이렇게 오감을 알아차린 뒤, 깊고 천천히 숨을 세 번 쉰다.
- 덧붙여 나의 현재 몸의 상태가 어떤지까지 찾아보자. 내 마음과 몸이 이전보다 이완되어 있다는 것을 알게 될 것이다.

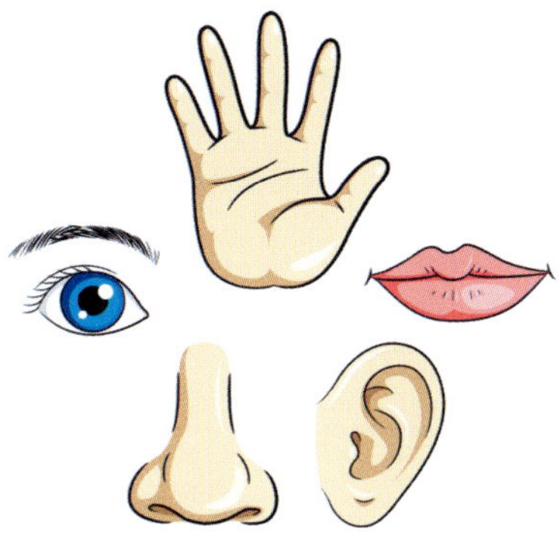

(3) 스트레스와 긴장의 인지적 조절

스트레스는 그 감정과 관련한 인지적 오류나 역기능적 신념을 확인하고 수정하여 다룰 수 있다. 앨리스(Ellis)에 다르면 우리가 어떠한 사건 때문에 화가 나는 것이 아니라 그 사건을 어떻게 받아들이느냐에 따라 화가 나는 것이다. 즉, 상황 그 자체보다도 그 상황을 자신이 어떻게 해석하느냐에 따라 감정이 달라진다. 우리는 우리의 감정과 생각을 다스릴 수 있다는 것을 잊지 말아야 한다. 우울한 감정과 분노, 불안이 올라온다면 그러한 감정의 원인을 찾아보는 것이 스트레스를 다스리는데 도움이 된다.

스트레스를 받을 때 스스로에게 던져 보면 좋을 질문들은 다음과 같다.

☑ 이 생각에는 근거가 정확한가?
☑ 다른 관점은 없을까? 나는 지나간 불필요한 기억에 매달리고 있지는 않은가?
☑ 만일 그 생각이 맞다면 어떻게 될까?
☑ 문제를 위해 내가 할 수 있는 일은 무엇인가?!

① 이 생각에는 근거가 있는가

예를 들어, '내가 전에 만족스럽지 못한 결과가 나왔으니까 또 실패할 것이라는 생각을 뒷받침할 근거가 있는가'라는 질문을 스스로에게 던져 본다. 아마 이런 결론에 증거는 거의 없을 것이다.

'나는 분명히 잘 하지 못할 거야, 실패할 거야'라는 생각을 하고 있다면 나의 이 생각에 근거가 있는지 찾아본다.

그러므로 이런 생각으로 들어가게 하는 불안은 당신의 생각일 뿐이다. 열 번을 실패했다고 해서 열한 번째에 반드시 또 실패한다는 증거는 없다.

② 다른 관점은 없을까?

과거의 실패를 다르게 볼 수는 없을까? 자신의 실패를 내가 능력이 안되거나, 운과 실력이 없어서라고 보며 의기소침할 수도 있다. 하지만 지난번 실패한 것에는 여러 가지 다른 이유가 있을 수 있다. 어쩌면 정신적으로나 감정적으로 더 준비되지 않아서 성공하지 못했을 수 있다. 나 자신도 괜찮았지만 다른 사람의 경험이나 준비가 더 좋아 그 사람이 선택되었을 수도 있다. 준비가 더 잘되었으니까 이번

엔 전보다 더 잘할 수도 있다. 모든 면엔 완전히 좋은 것과 완전히 나쁜 것만 존재하는 것은 아니다. 이 상황에서 긍정적인 이유도 찾아볼 필요가 있다.

③ 만일 그 생각이 맞다면 어떻게 될까?

예를 들어, 만일 면접에 합격하지 못한다면 어떤 일이 일어날 수 있을까 생각하게 된다. 이것은 당신이 잘못해서 그런 것이 아니라 면접이란 실수도 할 수 있고 오류가 있을 수도 있다. 면접이란 주관적인 것이라는 특징이 있기 때문이다. 면접을 잘 봤을 수도 있지만 경험과 자격이 더 적합한 사람이 있었을 수도 있다. 따라서 실패가 당신의 능력과 연관이 없을 수도 있다.

또한 면접의 결과는 당신을 한 사람으로서 평가한 것이 아니라 지원자나 그 일에 적합한가를 보는 것임을 생각해야 한다. 합격 불합격이 당신을 부족한 사람으로 만드는 것은 아니다. 실패자라서 떨어진 거는 아니다. 면접 탈락이 성격이나 능력에 대해 결론을 내려 주는 것은 아니다. 면접 탈락이 당신 삶의 어떤 점을 말해줄 수는 있어도 타고난 특징은 아니다. 면접 결과를 개인적인 것으로 연관 짓지 않는 것이 최선이다.

그렇다면 어떻게 해야 할까. 대답은 그 상황을 견딜 만한 것으로 만드는 것이다. 익숙해진다면 두려움은 감소한다. 준비를 많이 하여 그 상황에 익숙해지고 또 성공적인 경험을 몇 번 가진다면 덜 불안해질 것이다.

④ 문제를 해결하기 위해 내가 할 수 있는 일은 무엇인가?

앞에서 살펴본 것처럼 우리가 어떠한 스트레스 상황에 대하여 생각을 바꾸게 되면 우리의 감정과 행동도 바뀌게 되고 결과도 달라진다. 나에게 닥친 스트레스 상황에 대해 내가 할 수 없는 부분과 할 수 있는 부분, 해야 할 부분을 생각해 보고 구체적인 해결방안을 정리한 후 우선순위에 따라 행동을 해 보자.

(4) 스트레스 조절을 위한 자기 돌봄(self-care)

스트레스 상태는 자존감에도 영향을 미친다. 장기간 지속되는 스트레스 상태를 관리하지 못하면, 자신에 대한 부정적인 평가가 생기거나 만성적인 무기력감, 우울감으로 인해 자신에 대한 긍정적인 평가나 효능감을 갖기가 어려워진다.

스트레스는 어떻게 조절하고 관리해야 할까. 스트레스 조절 방법은 개인에 따라 다르기도 하고 매우 여러 가지 방법으로 조절이 가능하다.

평소 자신을 잘 돌본다면 생활의 여러 가지 스트레스를 조절하는 데 도움이 된다. 신체와 정서, 대인관계와 영적인 생활의 측면에서 자신을 어떻게 돌보는지 살펴보고, 영역별로 부족한 곳이 있다면 다음의 예시를 살펴보고 참고하여 노력해 보는 것도 좋겠다.

- **신체적 돌봄**
  - 몸에 좋은 음식을 먹는다.
  - 운동한다.
  - 규칙적으로 식사한다.
  - 충분히 잔다.
  - 아프면 쉰다.

- **정서적 돌봄**
  - 취미 활동을 한다.
  - 나의 강점과 성취를 인식한다.
  - 내 감정을 건강한 방식으로 표현한다(예: 대화, 일기쓰기, 예술활동)
  - 나를 편안하게 하는 일을 한다(좋아하는 영화 보기, 오래 목욕하기)

– 웃을 만한 일을 찾는다.

– 힘든 것을 이야기한다.

- **사회적 돌봄**

  – 오랜 친구와 연락하고 지낸다.

  – 멀리 있는 친구나 가족에게 전화 혹은 편지를 쓴다.

  – 필요하면 도움을 청한다.

  – 새로운 사람을 만난다.

  – 다른 사람과 즐겁고 신나는 활동을 한다.

- **영성적인 돌봄**

  – 자연에서 시간을 보낸다.

  – 나를 돌아보는 시간을 따로 마련한다.

  – 명상한다.

  – 기도한다.

Activity

함께해 봐요

스트레스 대처방식에 관한 질문

- 스트레스를 받으면 주로 어떤 방법을 사용 하나요.

- 그 방법의 장단점을 적어 봅니다.

- 나의 스트레스를 다스리는 데 도움이 될 만한 대처 방법을 적어 봅니다.

감정일지 작성하기

다음의 감정일지를 일주일간 작성해 본다.

______________의 감정일지

기간:　　　　년　　월　　일 ~　　월　　일까지

일자	상 황	감정	강도 (1~10)	나의 생각/ 몸의 반응	나의 행동

감정의 종류

1. 유쾌한 감정

[기쁨] 감격스러운, 감동적인, 감사한, 고마운, 고무적인, 기쁜, 날아갈 듯한, 놀라운, 가벼운, 눈물겨운, 든든한, 만족스러운, 가슴 뭉클한, 반가운, 벅찬, 뿌듯한, 살맛 나는, 시원한, 싱그러운, 좋은, 짜릿한, 쾌적한, 통쾌한, 포근한, 푸근한, 행복한, 환상적인, 후련한, 흐뭇한, 흔쾌한, 흥분된

[즐거움] 가벼운, 가뿐한, 경쾌한, 고요한, 기분 좋은, 상쾌한, 담담한, 명랑한, 밝은, 산뜻한, 상큼한, 숨 가쁜, 신나는, 유쾌한, 자신 있는, 즐거운, 쾌활한, 편안한, 홀가분한, 활기찬, 활발한, 흐뭇한, 희망찬, 든든한, 믿음직한, 무아지경, 자족감, 자랑스런

[사랑] 감미로운, 감사하는, 그리운, 다정한, 따사로운, 묘한, 뿌듯한, 사랑스러운, 상냥한, 순수한, 애틋한, 열렬한, 열망하는, 친숙한, 포근한, 호감이 가는, 화끈거리는, 흡족한, 두근거리는, 사랑스러운, 불쌍한, 가엾은, 동정이 가는

[초월적 감정] 경외심, 절대적 신뢰, 소망, 무조건적 사랑, 황홀감

2. 불쾌한 감정

[분노] 가혹한, 고통스러운, 골치 아픈, 괘씸한, 구역질 나는, 기분이 상하는, 꼴사나운, 끓어오르는, 노한, 떫은, 모멸감, 무서운, 배신감, 복수심, 북받침, 분개한, 분노한, 불만스러운, 불쾌한, 섬찟한, 소름 끼치는, 속상한, 숨 막히는, 실망스러운, 쓰라린, 씁쓸한, 약 오르는, 질투심, 시기심

[슬픔] 가슴이 아픈, 걱정되는, 고독한, 고민스러운, 구슬픈, 낙담한, 마음이 무거운, 멍한, 뭉클한, 미어지는, 비참한, 비탄함, 서글픈, 암담한, 앞이 깜깜한, 애석한, 애처로운, 애태우는, 애통한, 울적한, 참담한, 침통한, 허탈한, 황량한, 찹찹한

[불안/공포] 걱정되는, 공포에 질린, 두려운, 앞이 깜깜한, 염려스러운, 우울한, 음울한, 의기소침한, 절망적인, 좌절감, 숨이 멎을 것 같은

[수치심] 부끄러운, 남사스러운, 창피한, 초라한, 자괴감

[죄책감] 미안함, 죄책감, 송구스러운, 죄스런, 후회스러운

[혐오감] 구역질 나는, 귀찮은, 몸서리치는, 무정한, 미운, 부담스런, 서운한, 싫은, 싫증 나는, 쌀쌀한, 야속한, 얄미운, 억울한, 원망스러운, 지겨운, 짜증스러운, 차가운, 찝찝한

3. 욕구

간절한, 갈망하는, 기대하는, 바라는, 소망하는, 애끓는, 절박한, 초조한, 호기심, 희망하는

Chapter **09**

의사소통

학습목표

1. 의사소통을 방해하는 걸림돌을 이해하여 의사소통 향상에 도움을 받는다.
2. 경청의 세부적인 요소를 알고 익히고 타인의 말에 공감적으로 반응할 수 있다.
3. 자기표현과 효과적인 말하기에 대하여 이해하고 표현할 줄 안다.

Chapter

09

의사소통

말을 잘 한다는 것은 자신이 하고 싶은 말을 잘 표현하면서도 상대에게 자신의 뜻을 잘 전달하고, 그러면서도 관계를 해치지 않고 돈독히 해 나갈 수 있는 것이다. 자신의 뜻을 잘 표현한다는 것은 자신이 하고 싶은 말이 무엇인지 잘 알아야 한다는 것을 전제한다. 때로는 나도 모르는 게 내 마음인데 내 마음을 내가 알아야 상대에게 전할 수 있다. 그렇다면 내 마음, 즉 내가 원하는 것이 무엇인지 내 감정은 무엇인지 상대에게 원하는 것이 무엇인지를 잘 아는 것이 중요하다. 자신의 마음을 잘 들여다볼 줄 아는 능력은 타고나는 것이기도 하고, 성장 과정에서 부모나 가족과의 상호작용에서 길러지는 것이기도 하다. 하지만 또한 자신이 그 부분에 주의를 기울이는 습관에서 생겨나기도 한다.

이렇게 자신을 잘 안다고 해도 자신의 생각을 드러내는 것이 익숙하지 않다든지, 혹시 관계를 해치지 않을까 염려된다든지 하는 이유로 자기 생각을 이야기 못 하는 경우도 많다. 자기 의견을 이야기해 보라는 말에 '어떻게 내 생각을 다

이야기해요.'라고 반응하는 사람들을 종종 보게 되는 것이 이런 이유에서다. 그런 사람은 자신을 표현한다는 것은 상대에 대한 불편한 감정을 가감 없이 드러낸다는 것으로 생각하고 있는 듯하다. 이 경우 자신의 생각을 표현하는 것에 대한 오해를 살펴보는 것이 필요하다.

이렇듯 소통을 잘 한다는 것은 자신의 감정과 생각, 의견을 상대방에게 잘 전달하고, 또한 상대의 이야기도 잘 듣는 것을 의미한다. 우리는 태어나서 지금까지 말을 하며 살아가고 있지만, 정작 소통에 자신이 있냐는 질문에 선뜻 그렇다고 대답하기는 쉽지 않다. 그것은 어쩌면 당연할 수 있는데, 제대로 소통하는 방법을 못 배운 까닭이다. 따라서 이 장에서는 제대로 소통하는 방법에 대하여 다룰 예정이다. 먼저 소통을 방해하는 걸림돌에 대하여 이해하고, 제대로 듣는 방법인 경청, 그리고 자기표현에 대해 살펴보고 익히도록 하겠다. 이 장에서 학습한 내용을 깊이 이해하고 삶에 적용할 수 있다면 더욱 풍요로운 인간관계가 가능할 것이다.

1. 의사소통의 걸림돌

주변에 고민이 있는 사람과 이야기를 할 때, 나름대로 열심히 듣고 안타까운 마음에 성심껏 이야기를 했다고 생각했는데 저쪽 반응이 시큰둥할 때가 있다. 혹은 반응이 별로이거나 내 기분이 별로라고 생각이 들 때도 있다. 이럴 때는 혹시 내가 의사소통의 걸림돌을 쓴 것은 아닌지 생각해 보아야 한다. 말해 주는 사람은 애써서 해 주는 것이지만 듣는 사람에게 도움이 되지 않거나, 어쩌면 말해 주는 사람의 잘난 척 정도로 이해되어 버리지 않기 위해서 확인해야 할 포인트이다.

1) 해결책

"이렇게 해 보면 어때?" "이렇게 해 봐."

상대가 힘들어하는 고민을 이야기할 때 나름의 해결 방법을 제시해 주는 경우가 많다. 이것은 상대의 상황을 안타깝게 여겨 나름 도와주고 싶고, 이렇게 하면 문제가 해결될 것 같아 제시해 주는 것이기도 하다.

그런데 이런 마음이 무엇이 잘못일까? 해결 방법을 제시하는 것이 어떻게 걸림돌로 작용할까. 그것은 입장을 바꾸어 해결 방법을 제시받았을 때를 생각해 보면 이해가 될 수 있다.

친구와의 불화나 직장 상사와의 고민을 이야기했을 때, '헤어지는 게 좋겠다. 그런 사람은 안 만나는 게 좋아.'라거나 '회사 그만두고 딴 회사 가.'라는 말을 들었다고 치자. '말이 쉽지. 현실적으로 그게 쉽냐고'라는 마음에 반발심이 생길 수도 있고, 어떤 사람은 그런 해결 방법을 실천해 내지 못하는 것에 대한 부담감을 가질 수도 있다.

무엇보다도 해결책을 제시하는 사람은 무언가 방법을 아는 사람이고 듣는 사람은 방법을 모르는 사람 같은 느낌이 든다는 것도 해결 방법이 걸림돌로 작용하게 되는 이유가 되기도 한다. 어떤 사람은 나는 지금 해결책을 원하는 것이 아니라 내 힘든 마음을 이야기하고 싶은 것이라고 생각할 수도 있다. 그래서 상대가 정말 해결 방법을 원하는 것인지 잘 살피고, 또 자신이 제시하는 해결 방법을 강요하지 않는 선에서 해결 방법을 제안하는 것이 좋다.

2) 명령

"네가 해야 하는 일은 ~야." "불평 그만해~!"

이래라저래라 하는 것을 듣는 것을 좋아하는 사람은 별로 없다. 명령은 자신의 의사와 상관없이 이행해야 하는 것이기 때문이다. 상하관계나 서열의 개념은 점점 약해지고 있는 것이 우리 사회의 변화이다. 직장에서 상사이든, 친구 동료 관계에서 나이가 위라든지 일의 선배라서 자연스럽고 당연하게 "이렇게 해~!" "저렇게 해~!"라고 했을 때 생각보다 상대의 반발을 살 때가 있다. 말하는 입장에서는 이렇게 해, 저렇게 하는 것이 엄청난 압박도 강요도 아니라고 생각하고 이야기했어도 상대가 그 점을 불편하게 느낄 수도 있다.

그래서 명령보다는 권유나 요청으로 표현하도록 하고 내 말에 대한 상대의 반응을 확인하며 이야기를 한다면 불필요한 갈등을 피할 수 있게 된다.

3) 충고

"너는 그게 잘못이야. 이렇게 했어야지. 이렇게 해 봐라."

충고는 명령보다는 부드럽게 상대에게 전해지고, 상대를 돕는 태도를 이야기가 전달되는 방식이다. 어려움에 처한 이를 도우려는 마음으로 이야기하는 것인데 충고가 도움이 될 때도 있지만 그렇지 않을 때도 있다. 어떨 때 충고가 도움이 되지 않을까.

"나 소화가 요즘 잘 안돼."라고 했을 때, "네가 운동을 안 해서 그래. 아침에 일어나서 물을 먹고 운동을 좀 해야지. 채소도 많이 먹고…"라고 했다고 치자. 말하는 사람은 자신이 아는 정보를 전해 주고 그러면 문제가 해결될 것이라고 생각하지만, 충고를 받는 사람은 동등한 사람이 아니라 내가 무언가 잘못했고, 그래서 가르침을 받아야 하는 사람이 된 것 같은 느낌이 들 수 있다. 경우에 따라서는 야단을 맞는 것처럼 느끼는 사람도 있어서 충고를 해 주는 사람의 마음이 전달되지 않게 되어 버린다.

"나는 이렇게 해 보니 좋던데~"라고 견해를 피력하는 정도로만 한다면 듣는 사람은 좋은 정보를 얻어 취사 선택할 수 있기에 그런 부담과 오해가 생기지 않을 수 있다.

4) 회유

"다 잘 될 거야. 걱정하지 마."

이런 말을 우리는 잘해 준다. 누군가 병원에 간다고 하거나, 회사 일이 어려움에 봉착했다고 할 때 위로해 주는 말이다. 이런 말이 어떤 식으로 의사소통에 걸림돌이 될 수 있을까.

위로해 주려는 마음은 전달이 되니 듣는 사람이 섭섭할 것은 없겠지만 때로는 이런 말이 빈말로 들릴 때가 있다. 긍정적인 말이긴 하지만 별다른 근거 없이 잘 될 것이라고 하는 말은 소위 영혼 없는 빈말처럼 들리기도 하는 것이다. 말하는 사람의 마음속에 '네가 힘들어 하는 것이 나는 불편해. 그러니 얼른 긍정적인 식으로 생각하고 넘어갔으면 좋겠어.'라는 뜻이 있는지도 모른다. 또한, 이 말에는 네가 고통을 견뎌 내지 못할 것이라는 메시지가 들어 있기도 하다.

5) 심리분석

"네가 왜 그렇게 한 줄 알아? 네가 ~~ 해서 그래."

"네가 너무 예민한 거 아냐?"

심리분석이라는 말이 낯설 수도 있지만, 우리가 가볍게 하는 이야기 중에 심리를 분석하는 식으로 상대의 말에 대응하기도 한다. 예를 들면, "네가 니네 집에서 장남이잖아. 그래서 네가 책임감이 큰 거야."라는 식으로 개인 반응의 배경을 나름대로 짐작해서 판단하는 것이다. 이런 분석으로 지레짐작하는 것은 때로 이해받지 못한다는 느낌을 받게 하고 관계의 단절로까지 이어질 수 있다.

6) 빈정대기

"네가 하는 게 그렇지 뭐." "잘 한다 잘 해~."

이런 빈정거림은 듣는다면 어떤 기분일지는 설명하지 않아도 누구나 안다. 비꼬기 혹은 빈정거림은 대놓고 말하는 지적이나 반대 의견보다도 더 기분을 상하게 하기도 한다. 듣는 이를 존중하지 않고 무시하는 태도가 바탕에 깔려 있기 때문에 듣는 이에게 수치심을 불러일으키게 하기 때문이다. 인간의 존재에 대한 부정적인 평가로 인해 생겨나는 수치심은 모욕감까지 불러올 수도 있기에 빈정거림은 어느 경우에도 피해야 할 태도이다.

7) 도덕적 판단하기

"네가 잘못한 거야."

의사소통의 걸림돌은 말하는 사람과 듣는 사람 사이에 서로의 뜻을 전달하고 이해하고 가까워지지 못하도록 만드는 것이다. 진정한 의사소통을 막는 것이다. 이런 걸림돌을 쓰는 사람이 자신의 말이나 태도가 이런 결과를 내리라고 생각하지 못하고 쓰는 경우도 많다. 말하는 사람이 비록 걸림돌이 되는 태도를 보였다고 할지라도 상대를 돕고 도움이 되고자 하는 마음은 내면에 가지고 있으므로 그 마음을 제대로 전달할 수 있도록, 걸림돌이 되는 표현이나 반응을 피할 수 있도록 노력해야 할 것이다.

비난, 지시, 명령, 무시, 충고는 문제의 책임을 상대방에게 떠넘기는 것이다. 상대가 무시당한다는 생각을 갖기 쉽고 상대로부터 방어를 불러일으키게 되어 진정한 의사소통을 어렵게 한다.

Activity

앞에서 언급한 내용 외에 의사소통의 걸림돌이 되는 반응을 더 생각해 본다.

2. 경청

1) 경청의 자세와 태도

아이들이 엄마에게 학교에 있던 여러 이야기를 할 때, 엄마는 몸만 앞에 있을 뿐 머리로는 저녁 식단을 생각하고 있다면 아이들은 귀신같이 알아채고, "엄마 내 이야기 듣고 있어?" 하며 묻게 된다. "듣고 있지"라고 하지만 아이들은 내 엄마의 몸만 여기 있을 뿐 영혼은 다른 곳에 가 있음을 알아채고 짜증을 내거나 섭섭해하게 된다. 엄마는 듣는 사람으로써 몸뿐만 아니라 관심이 아이에게 가 있어야 한다. 이런 것을 주의를 기울인다. 주의를 집중한다라고 표현할 수 있겠다.

경청은 상대에 관한 관심에서부터 시작한다. 상대가 궁금하다면 관심을 가지게 되고 그다음 말하는 장면에서 상대에 대한 주의를 집중하려는 마음을 내고(attention) 경청(active listening)을 하게 되는 것이다.

(1) ENCOURAGES

『상담의 기술』이라는 책에서 힐(Hill)과 오브라이언(O'Brien)은 주의집중과 경청을 하기 위한 선행 작업으로 듣는 이의 자세와 태도에 대해 언급하고 있다. 모든 관계의 의사소통에서 경청이 필수적이지만 특히 심리상담을 하는 사람들은 경청이 필수적이기에 경청의 방법으로 참고해 볼 만하다. 그들은 듣기 위한 자세와 태도로 10가지를 언급했고 머리 글자를 따서 ENCOURAGES라고 했다. 하나씩 살펴보자.

ENCOURAGES

E ......eye 눈을 마주친다. 물론 과도한 눈 마주침이 아니라 적절하게 눈을 마주친다.

N ......nods 상대의 말에 고개를 끄덕이며 수긍한다.

C ......cultural difference 상대와 나 사이에 문화적 차이가 있을 수 있음을 인정한다.

O ......open space 상대를 향해 열린 자세를 취한다.

U ......umm 음... 과 같이 상대의 말을 인정하는 반응을 한다. "그랬군요... 계속 이야기하세요"라는 메시지를 전달하는 효과가 있다.

R ......relax 몸과 마음을 이완하여 편안하고 자연스럽게 대한다.

A ......avoid 자주 웃는다든지, 손을 많이 움직인다든지 하는 산만한 행동을 피한다.

G ……grammatical style 상대방이 쓰는 말투에 어느 정도 보조를 맞추어 반응한다.

E ……ear 세 번째 귀로 듣는다. 즉, 상대의 말의 이면을 생각하고 이해하며 언어적 메시지와 비언어적 메시지에 모두 주목을 한다는 뜻이다.

S ……space 적절한 스페이스, 즉 공간을 유지한다. 너무 가까이 앉거나 너무 멀리 앉아 있지 않도록 한다.

(2) 내용을 정확히 파악한다.

상대가 말하는 내용을 정확하게 파악하는 것은 매우 중요하다. 너무나 당연한 말 같지만 현실에서는 돌아서면 이거라고 했나 저거라고 했던가 헷갈리게도 되고, 나중에 상대와 들은 이야기를 확인해 보면 서로 말이 달라지기도 한다. 그래서 상대가 하는 말의 내용을 정확하게 듣는 것은 무엇보다 중요하다.

특히 상대의 말이 길어지거나, 상대가 주어와 목적어를 생략한다든지 하면 듣는 이가 정확한 내용 파악을 못하게도 된다. 또 듣는 사람이 주의 집중을 제대로 못하거나 맥락을 이해하지 못했거나, 자신의 선입견으로 내용을 짐작하고도 확인하지 않았을 때 커뮤니케이션은 정확하게 되지 않고 오해가 빚어지게 되거나 일이 틀어지게 된다.

(3) 재진술과 반영

심리 상담에서 상담자가 경청의 기법으로 많이 쓰는 것이 몇 가지 있다. 상대의 말을 짧게 요약하여 내용을 확인하기도 하고 상대의 말을 비슷한 표현으로 다시 말하는 것을 재진술이라고 한다. 혹은 반영하기라고 하여 "지금 말한 것은 ~~입니까?"와 같이 내용을 확인하기도 하는 것도 경청을 잘 하기 위한 한 방법이다.

(4) 모르면 질문한다.

다 이해하지 못했으면서도 아는 것처럼 고개를 끄덕이고 그 자리를 나온 다음에 곤란해 하는 경험을 많이 해 보았을 것이다. 모르는 것을 물어보지 않는 것은 어떤 이유 때문일까.

자신이 이해한 것으로 생각했을 수도 있다. 그럴 때는 자신이 이해한 것이 맞는지 요약을 하여 "이러이러한 이야기이지요"라고 하는 것이 필요하다. 그렇게 하다 보면 상대는 맞는지 틀리는지를 이야기해 주게 되고, 다시 한번 중요점을 강조하게 되면서 오해가 되는 부분을 없앨 수 있다.

화자는 자신이 한 이야기에 질문하는 청자에 대해 내용에 관심이 많다고 여기게 되므로 오히려 더 좋은 인상을 받을 수 있게 된다. 따라서 더 열심히 가르쳐 주게 되므로 관계에는 긍정적 영향을 주게 된다.

2) 공감적 경청

공감적 경청은 상대방의 마음에 일어난 것 그대로를 명료하게 이해하기 위해 적극적으로 듣는 것이다. 상대가 문제를 소유했을 때 적극적으로 도와주는 것이 공감적 경청이기도 하다. 공감은 고민하는 사람으로 하여금 무엇이 문제인지 말할 수 있도록 돕고, 상대가 자신의 감정이 무엇인지 찾아보도록 해 주고, 감정을 정화해 주기도 하기에 공감은 상대를 진정으로 도울 수 있는 의사소통 기법이 된다.

공감적 반응의 기본 방식은 "당신이 −했을 때, −한 감정이 들었겠군요."와 같이 반응하는 것이다. 여기에서는 감정만을 찾아보게 되지만 상대의 마음을 깊이 이해한다면 상대의 욕구까지도 함께 이해할 수 있게 될 것이다. 따라서 상대의 감정과 더불어 그와 관련한 욕구까지 살펴본다면 진정한 공감이 될 수 있다.

> 당신이 ________했을 때 ________한 느낌이 들었군요.
>
> (왜냐하면) 당신은 ________을 원했군요(원했기 때문이군요).
>
> 그래서 당신은 ________하기를 바라는군요(________하길 원합니까?)

예를 들어, “요즘 너 바쁘니? 어떻게 전화 한 통도 없니. 명절이 다 되가는데 연락도 없고.”라고 지방 사는 어머니가 서울에서 혼자 살고 있는 딸에게 전화를 했다고 하자. 어머니의 느낌은 섭섭함으로 추측해 볼 수 있고, 딸이 보고 싶고 연결되는 것을 원하여 연락해 주기를 바라는 것일 수 있다.

그럴 때, “엄마 내가 전화를 몇 주 동안 안해서 섭섭했겠어. 내가 보고 싶고 그래서 연락을 해 줬으면 하고 바라는 거지?”라고 해 볼 수 있겠다. 표현 방식은 조금씩 다를 수 있지만 이런 요소를 가지고 상대의 마음을 느껴 보고 반응을 하면 공감적 경청이 된다.

3. 말하기

1) 자기표현

자기 마음을 표현하기 어렵다고 하는 사람들이 있다. 표현하기 어렵다는 것의 내용을 구체적으로 살펴보면 자신을 주장하기 어렵다는 내용일 수도 있고, 요구하기 어렵다는 내용일 수도 있고, 감정 표현을 하는 것이 어색하여 어렵다는 말일 때도 있다.

그중에서도 표현이 어렵다고 하는 많은 경우는 내가 내 표현을 했다가 사람들과 불편해진 경험이 있다고 생각하여 내 마음을 드러내기보다는 내가 좀 참는 것이 낫다고 결론을 내리고 사는 경우이다. 그런 사람들에게 표현이란 내가 기분 나쁜 것을 드러내는 것이고, 상대에게 화를 내는 것을 뜻하기도 한다. 하지만 이렇게 살다 보면 홧병이 날 것 같기도 하고 내면에 분노나 우울이 쌓이기도 한다. 이런 경우는 자기표현에 대한 오해에서 시작된 딜레마라고 보아야 한다. 적절한 자기표현이 무엇인지부터 구분할 필요가 있다.

심리학에서는 자신이 하고 싶은 말을 잘 하면서도 타인과 갈등을 불러일으킬 소지를 적게 말하는, 즉 말을 '잘' 하는 것을 주장적 표현이라고 한다. 주장적이지 못한 표현을 비주장적 표현이라고 하는데 비주장적 표현은 다시 소극적 표현과 공격적 표현으로 나누어 볼 수 있다.

사실 우리가 할 말 다 한다고 부러워하는 사람들, 저 사람은 하고 싶은 말 다 하니 홧병은 안 생기겠다고 우스갯소리로 이야기하는 사람들의 표현은 대개 공격적 표현인 경우가 많다. 공격적 표현이란 자신의 권리만 내세워 다른 사람의 권리는 고려하지 않거나, 심지어 타인의 권리를 침해하면서 자신의 권리를 내세워 상대를 불쾌하게 하는 표현을 말한다. 반면 자신의 권리를 옹호하지 못하고 포기하는 행동은 소극적 표현이라고 한다. 자신의 권리, 욕구, 느낌을 솔직히 나타내고 싶지만 눈치나 체면으로 인해 나타내지 못하는 것이다. 예의 바른 듯이 아무 말도 하지 않거나, 상대의 기분을 맞추기 위해 마음에도 없는 말을 하는 경우도 이에 해당한다.

예를 들어, 전에 돈을 빌려간 친구가 돈을 갚지 않고 다시 돈을 빌려달라고 할 때 실은 빌려주고 싶지 않은 경우를 가정해 보자. 주장적 표현으로 표현을 한다면, "나를 믿고 부탁하는 것 같은데 이런 말하면 서운하겠지만 네가 돈을 돌려주지 않아 힘들었어. 오늘은 빌려주고 싶지 않아. 약속한 날 돌려주지 않으면 내가 또 힘들 것 같아. 이해해 주기 바래."라고 솔직하게 말하는 것이다. 소극적 표현으로 표현하는 것은 돈이 있으면서도 "돈이 없는데"라고 본심을 말하지 못하는 것이 예가 되겠고, 공격적 표현이라면 "너는 염치도 없냐. 무슨 염치로 또 돈을 빌려달라고 하니!"와 같이 표현하는 것이겠다.

소극적 자기표현은 타인의 입장을 배려는 했지만, 자신의 욕구와 인권이 침해하도록 허용하기도 하고, 결과적으로 자신에 대한 실망과 자책이나 상대에 대한 원망과 증오가 생기기도 한다. 자신의 욕구를 성취하지 못하여 대인관계가 소원해질 수도 있다.

공격적 자기표현을 할 때 자신의 입장은 표현했지만 타인의 욕구가 무시되고, 그 표현을 쓴 사람은 할 때는 승리감과 우월감을 느낀다 해도 뒤에 미안한 마음이나 죄의식이 들기 쉽다. 결과적으로 자신의 욕구는 성취해도 타인에게 분노를 느끼게 하여 관계를 해치게 되기 쉽다.

그렇다면 주장적 자기표현은 어떠한가. 자신의 입장을 배려하되 타인의 권리와 인격도 존중된 것이라 스스로도 만족스럽고 관계 유지가 잘 되어 간다고 볼 수 있다.

소극적 표현, 공격적 표현, 주장적 표현을 구분하여 보면서 자신이 평소 어떤 표현을 주로 쓰고 있는지 생각해 보자.

Activity

다음 예문을 보고 소극적 표현인지, 공격적 표현인지, 주장적 표현인지 구분해 보자.

1. **상황:** 친구와 전화로 한참 통화했다. 이제 전화를 끊고 싶다.
   반응: "정말 미안해. 지금 전화가 또 와서 끊어야겠어. 괜찮지?"

2. **상황:** 지하철에 앉아 있는데 어떤 남자가 옆 칸에서 들어와 어려운 사정이 적힌 종이와 함께 껌 한 통을 당신 무릎 위에 놓고 간다.
   반응: "돈이 없다고 이렇게 어려운 소리를 구구절절해서 돈을 달라고 해요? 사지 멀쩡하면 일을 해야지."

3. **상황:** 학생이 수업 시간에 세 번째 지각했다.
   반응: "내 강의가 시작될 때까지 안오면 강의를 처음부터 다시 반복해야 하니 번거로와. 네가 늦는 게 나한테 불편하다."

4. **상황:** 엄마가 아이가 방 정리를 하지 않는다고 야단치고 있다.
   반응: "너는 참 형편없는 애야. 이럴려면 자식을 낳지 않는 게 나아."

5. **상황:** 여자친구가 당신 친구 앞에서 내 외모를 헐뜯었다.
   반응: "친구 앞에서 내 흉을 보면 내가 정말 기분이 안 좋아. 할 말이 있으면 친구 없이 우리 둘만 있을 때 이야기해 줘."

앞의 연습에서 주장적 표현을 보면 어떤 보편적인 틀이 있는 것처럼 보일 것이다. 자신도 존중하고 타인도 존중하는 주장적 표현을 어떻게 익힐지 구체적으로 살펴보자.

2) 나–전달법

(1) 나–전달법

의사소통이나 커뮤니케이션에서 바람직한 자기 표현으로 많이 권하는 것이 I-message이다. 말하는 사람의 문장 주어가 나, 영어의 'I'로 시작되기에 나–메시지라고 한다. I-message를 쓰는 나–전달법은 문장의 주어가 너, 즉 You로 시작되는 너–메시지, 너–전달법과 비교되는 개념이다. 나–전달법은 의사소통에서 갈등을 피하고 말하는 사람과 듣는 사람의 욕구를 함께 충족할 수 있는 최고의 대화법이고 표현법이다. 의사소통에서 필수적으로 나오는 개념인데도 의외로 잘 알지 못하는 경우도 많다.

우선 친구와 약속을 했는데 친구가 연락도 없이 약속 장소에 늦게 도착한 상황이라고 가정하여 기다리던 친구가 나–전달법과 너–전달법으로 늦게 온 친구에게 말하는 상황을 비교하여 보자. 약속에 늦어 허겁지겁 달려온 친구가 이 말을 들었을 때를 상상하여 보며 읽어 보자.

너–전달법:
"너는 어쩌면 이렇게 맨날 늦고 늦으면서 전화 한 통 할 성의도 없니? 나를 어떻게 보는 거야? 너하고 이제 약속하나 봐라."

나-전달법:
"오기로 해 놓고 아무 연락 없이 나타나지 않으니까 무슨 일 있나 내가 걱정도 되고 내가 기다리는 걸 알면서도 연락을 안 해 준다 생각하니 나를 생각해 주지 않는 것 같아 섭섭하다."

너-전달법의 '너는~~'이라고 말하는 표현을 듣자면 듣는 상대가 기분이 나빠지고 미안한 마음이 들다가도 슬그머니 화가 날 것 같다. '너-전달법'은 왜 의사소통에서 피해야 하는 표현일까.

무엇보다 '너-전달법'에는 비꼬기, 비판, 지시, 평가, 경고가 들어가 있다. 의사소통의 걸림돌로 이 책의 앞에서 언급한 것들이다. 반면 나-전달법은 말하는 사람의 느낌이 들어 있을 뿐 의사소통의 걸림돌은 들어 있지 않다. 사실 두 쪽 다 속마음은 어떤 일이 있지는 않았는지 하는 걱정과 약속에 늦게 오는 것에 대한 섭섭함으로 같지만 표현하는 방식은 이렇게 다르다. 듣는 사람 입장에서 어떻게 느낄지 하는 것도 역시 다를 것이다. 그리고 너-전달법에서는 말하는 사람이 느끼는 감정, 특히 부정적인 감정의 책임이 상대에게 돌린다. 한마디로 '너 때문에 내가 이런 감정을 느낀다. 내가 불편한 것은 너 때문이니 네가 책임을 져야 한다.'는 것을 전제하고 있는 것이다. 반면 나-전달법은 느낌이 자신에게서 비롯되는 것으로 표현을 한 것이다.

너-전달법의 예를 몇 개 더 보면 이것이 분명해진다.

"당신은 꼭 나를 화나게 만들어!"
"당신의 무관심 때문에 내가 얼마나 상처받는지 알아요?"

"내가 회사에서 스트레스를 받다 보니 집에 와서 나도 모르게 짜증내는 거야."

이것을 나-전달법으로 바꾸어 보면 자신의 느낌이 자신에게서 비롯된다고 생각하는 관점이 표현에 어떤 변화를 가져 오고, 듣는 이에게 어떤 차이가 있을지 확연하게 느껴질 것이다.

> "난 정말 화가 나네. 당신이 늦게 오니 내 약속을 중요하게 여기지 않는 것 같아서 말이야."
> "난 속상해요. 당신이 내 생일을 기억해 주길 바랐어요."
> "별 것 아닌 일에도 짜증이 나. 집에 오면 정말 조용히 쉬고 싶어."

위에 언급한 나-전달법을 잘 살펴보면 표현에 몇 가지 구성 요소가 있다. 설명하자면 다음과 같다.

A. 상대의 구체적 행동 표현:
상대의 행동과 상황을 구체적으로 말한다. 이때 어떤 평가, 비판, 비난의 의미를 담지 말고, 객관적인 사실만을 말한다.
예) 당신이 약속 시간에 늦으니,

B. **느낌:**
행동의 구체적 결과로 생겨난 감정을 솔직히 말한다.
예) 속상하고 걱정이 돼.

C. 행동의 구체적 결과:
상대의 행동이 자신에게 미친 영향을 구체적으로 말한다.

예) 나와의 약속을 중요하게 여기지 않는 것 같고, 무슨 일이 생기지 않았나 생각도 들어.

종합: A+B+C

"당신이 ______했을 때, 나는 ______한 마음이 들어서, 내 기분이 ______해."
"당신이 ______했을 때 나는 (기분이) ______해. ______한 것 같아서."

"당신이 약속 시간에 늦으면, 나와의 약속을 중요하게 여기지 않는 것 같아 속상해. 또 무슨 일이 생긴 건 아닌가 생각도 들어서 걱정이 돼."

(2) 비폭력 대화식 나-전달법

전통적으로 나-전달법에서는 상황이나 행동과 그로 인한 나의 느낌, 행동의 구체적 결과를 강조해 왔다. 행동의 구체적 결과는 상대의 행동이 자신에게 미친 영향, 즉 자신의 욕구와 연관한 영향을 살펴보고 있으므로 욕구도 함께 본다고 할 수 있다. 여기에 더하여 로젠버그(Rosenberg)의 비폭력 대화(Nonviolent Communication)에서는 느낌 밑에 있는 개인의 욕구를 더 선명히 강조하고, 갈등 해결을 위해 상대가 실천할 수 있는 행동까지 부탁하는 요청을 포함시켜 대화할 것을 권하고 있다.

관찰- 있는 그대로의 사실/상황 묘사
느낌- 자신의 느낌을 말하기
욕구- 내가 필요하거나 원하는 것을 말하기
요청- 지금 할 수 있는 부탁을 하기

내가 ______을 보았을 때(들었을 때, 기억했을 때, 상상했을 때)

나는 ______한 느낌이 들었습니다.

(왜냐하면) 나는 ______을 원했습니다(원했기 때문입니다).

그래서 ______했으면 좋겠습니다(______하면 어떨까요?).

나-전달법에 요청을 포함시키고 욕구를 좀 더 분명히 하여 다시 바꾸어 보면 아래와 같다.

> "당신이 약속에 늦었을 때 나는 나와의 약속을 중요하게 생각하지 않는 것 같아 속상했어. 내 약속을 중요하게 여겨 주길 바랐거든. 그러니 다음에 늦으면 미리 전화해 주면 좋겠어."

그러면 나-전달법의 각 요소를 하나씩 살펴보며 익혀보자.

(3) 구체적 행동(Behavior)

상대의 구체적 행동은 상대의 구체적 행동을 관찰하여 표현하는 것이다. 여기에서 평가를 배제하는 것이 중요한데, 친구가 약속 시간에 늦은 상황에서 "당신이 게으름을 피우면..." 같이 평가적인 발언은 상대의 반발심을 불러일으킬 수도 있고 나의 평가이므로 지양한다. 또 이야기를 할 때 "너는 늘~, 꼭~, 항상~"과 같이 일반화된 표현 역시 부정적인 평가이고 객관적인 사실이 아닐 수도 있어 불필요한 언쟁을 불러올 수도 있으니 쓰지 않도록 한다.

"네가 나를 무시했을 때"라는 것은 나에게는 사실이지만 무시는 나의 평가이고 판단이기에 관찰이라고 할 수 없다. "그 사람이 ~라고 한 말을 들었을 때", "네가 내 질문에 대답을 하지 않았을 때"와 같이 객관적인 묘사가 관찰에 해당된다.

모호한 표현보다는 구체적인 표현을 쓰도록 하고 구체적인 말이나 예를 인용하는 것도 좋다. "그 사람이 친구를 업신여길 때" 보다는 "그 사람이 친구에게 '넌 좀 설치지 마'라고 했을 때"가 구체적인 예를 드는 것이다.

(4) 느낌(Feeling)

관계의 상황 상황에 따라 우리는 여러 가지 감정을 느끼게 되고 그 감정을 다루거나 조절하거나 표현하고 싶어 한다. 하지만 감정 혹은 느낌은 표현했다가 관계를 해칠까 두려워지거나, 너무 압도적이어서 힘들기도 하다. 나-전달법에서는 이런 감정을 잘 살피고 느끼고 표현할 것을 권한다. 이렇게 할 때 내 감정이 조절될 수 있고, 상대에게 내 마음이 충분히 전달될 수 있기 때문이다. 또한, 내 감정을 느끼고 표현할 때 내 감정은 나의 소유라는 것을 느끼고 주체적인 자기표현을 하며 상대에게 내 감정의 원인을 전가하지 않을 수 있다.

자신의 감정을 찾아 표현할 때 구체적으로 느끼고 표현하는 것이 좋다. 감정은 단지 기분이 좋다, 나쁘다 이상으로 기쁨, 슬픔, 분노, 혐오감 등등 여러 가지로 나눌 수 있다. 어릴 적부터 자신의 감정에 익숙하지 않은 사람은 자신의 감정을 잘 느끼거나 표현하는 게 어려울 수도 있기에 감정을 찾고 표현하는 것은 노력이 필요하다.

자신의 감정을 잘 살피고 느끼다 보면, 내가 화가 난 것이라고 생각했는데 실은 걱정이 되었던 것이라든지, '내가 흘리는 눈물이 존중받지 못해 화가 난 것이구나' 처럼 자신의 진짜 감정을 만날 수 있게 된다.

또한, 자신이 느끼는 감정은 한 가지가 아니고, 여러 가지일 수도 있다는 사실도 알아 두자. 내가 지금 화가 나기도 하였지만 왠지 서럽기도 하고 외롭기도 할 수 있는 것이다. 한 가지 색이 아니라, 내 마음의 풍경은 여러 가지 색으로 이루어져 있기도 하다는 점을 알면 내 감정을 호기심을 가지고 들여다보고 이런 마음을 찾아 표현할 수 있게 되고, 상대가 내 마음을 이해하기 쉽게 될 수 있다.

Activity

다음 경우에는 어떤 느낌을 가질지 알아보자.

1. 상사에게 질문을 받았는데 대답할 말이 떠오르지 않아 아무 말 못하고 있는데 동료가 옆 자리 사람과 나를 보며 소곤거리는 것을 보았을 때
2. 여자(남자) 친구와 놀러 가기로 한 날 아침에, 여자(남자) 친구가 다른 친구와 함께 나타났을 때
3. 여자(남자) 친구가 나에게 "멋있다"고 말해 줄 때
4. 취업 결과를 듣고자 해당 회사 홈페이지 합격자 명단을 클릭할 때
5. 준비한 팀플레이 발표를 멋지게 끝내고 났을 때

감정단어 목록

기쁨/만족	분노	미움/경멸	두려움	슬픔
감동받은, 뭉클한, 감격스런, 벅찬, 환희에 찬, 황홀한, 충만한, 고마운, 감사한, 즐거운, 유쾌한, 통쾌한, 흔쾌한, 기쁜, 반가운, 행복한, 따뜻한, 감미로운, 포근한, 푸근한, 사랑하는	화난, 불행한, 괴팍한, 불쾌한, 불만족스러운, 격앙한, 격분한, 좌절한, 노발대발한, 격노한, 흥분한, 성난, 신경질이 난, 시샘하는, 눈이 뒤집힌, 기분 상한, 분개한, 열 받는, 당혹스런, 당황한	질색인, 신랄한, 얕보는, 멸시하는, 불경의, 비열한, 비난하는, 기분 상한, 하찮은, 천박한	아연실색한, 반감이 가는, 싫어하는, 마음이 내키지 않는, 불쾌한, 지겨워진, 메스꺼운	우울한, 낙심한, 풀이 죽은, 절망한, 의기소침한, 낙담한, 실망한, 기력이 없는, 울적한, 침울한, 상심한, 비참한, 후회하는, 유감스러운, 불행한

(5) 욕구(Need)

우리의 감정은 어떻게 생겨날까. 우리에게는 본능적으로 많은 욕구들이 있다. 그 욕구가 충족되었을 때는 긍정적인 감정이, 충족되지 않았을 때 부정적인 감정이 생겨난다.

어떤 상황에서 어떤 감정이 올라왔을 때 어떤 욕구와 관련하여 이런 감정이 올라온 것인지 생각해 볼 필요가 있다. 내가 원하는 것이 무엇인지 알수록 내 감정을 내가 이해할 수 있고 상황을 해결할 열쇠를 찾을 수 있다.

예를 들어, 약속 시간에 늦은 친구에게 화가 난 것은 나와의 약속을 소중히 여기지 않는 것 같아서, 혹은 기다리며 걱정했던 것에서 생겨났다고 한다면, 기다리던 친구가 바란 것 그것이 바로 그 친구의 욕구(Need)이다. 좀 더 개념적으로 설명하면 자신이 존중받기를, 친구가 안전하기를 바라는 욕구이다. 즉, 자신의 욕구가 채워지지 않아 화가 났거나 짜증이 났기 때문에 자신의 감정은 자신의 것이라는 이야기가 된다. 친구에게 화만 내는 것이 아니라 진짜 자신의 마음을 알았을 때 그 마음을 전달하는 것이 자신이 원하는 것을 얻을 가능성을 높이게 된다.

Activity

다음의 표현 안에 있는 욕구를 찾아보자.

1. 혼자 조용히 산책하고 싶다.
2. 저 사람이 자기 이야기만 하니까 듣기 싫고 마음에 안 든다.
3. 이번 일은 정말 재미가 없다.
4. 대리님이 나 대신 이 일을 해 줬으면 좋겠다.
5. 너무 더워.
6. 나한테 과제 빨리 끝내라고 말하지 말아.
7. 약속을 했으면 지켜야지.

*욕구가 어떤 것인지는 자신의 마음을 들여다보고 생각해 볼 시간이 필요할 때도 있다. 다음 욕구 목록을 참조하면 도움이 된다.

욕구 목록

인간의 기본 욕구(Maslow)
생리적인 욕구, 안전에 대한 욕구, 소속과 사랑에 대한 욕구, 존중에 대한 욕구, 심미적 욕구, 자아실현 욕구
인간의 기본 욕구(Glasser)
생존에 대한 욕구, 사랑과 소속에 대한 욕구, 힘에 대한 욕구, 재미에 대한 욕구, 자유에 대한 욕구
욕구(비폭력 대화의 욕구 목록 참조)
기여, 공헌, 역량, 명료함, 가르침, 새로운 것을 배움, 쓸모 있음, 성장, 표현, 참여, 창조, 치유, 유능감, 효능감, 숙달, 희망, 진정성, 성실성, 아름다움, 조화, 질서, 존재감, 홀가분함, 여유, 느긋함, 평화, 지혜, 깨달음, 자비, 영성, 선택, 자유, 해방, 독립, 힘, 용기, 주도성, 유대, 대화, 소통, 연결, 배려, 존중, 주고받음, 공감, 이해받음, 관심, 우정, 안정성, 소속감, 사랑, 공기, 음식, 물, 주거, 수면, 안전, 성적 표현, 따뜻함, 돌봄, 예측가능성, 활력 등

(6) 요청(Request)

요청은 듣는 사람이 지금 할 수 있는 행동을 부탁하는 것이다. 요청은 무엇 무엇을 해 달라는, 일종의 부탁이다. 이때 무엇을 하지 말아 달라는 것보다는 무엇을 해 달라는 표현이 더 효과적이다. 듣는 이의 입장에서는 어떤 행동을 해 달라는 구체적인 표현이 있을 때 행동 실천이 더 쉽게 마련이다. 따라서 "떠들지 마." "무시하지 마" 보다 "조용히 해 줘." "내 부탁을 들어줘"처럼 해 달라는 긍정문으로 원하는 것을 말하는 것이 좋다.

요청은 명확하고 구체적으로 해야 한다. 듣는 이가 상대의 말에 수긍을 할지라도 모호하고 일반적이라면 어떻게 해야 되는 것인지 얼른 떠오르지 않는다. 예를 들어, 엄마가 아이에게 "자전거를 안전한 곳에서 타"라고 하면 안전하게 타고자 마음은 먹어도 어떻게 하는 것이 안전한가 하는 것을 다시 생각해 봐야 하는 것이다. 따라서 좀 더 구체적으로 "학교 운동장이나 어린이 보호구역에서 자전거를 타는 게 좋겠다."라고 표현한다면 실천이 가능한 요청이 된다. "자신 있게 말해봐."보다는 "목소리를 크게 하고 가슴을 펴고 말해 볼래?"라는 것 역시 듣는 이가 바로 행동에 옮길 수 있는 구체적인 요청이 된다.

또 가능하면 현재, 지금 곧 할 수 있는 것을 요청하도록 한다. 만약 상대에게 미래의 무언가를 부탁하려고 할 때는 그것을 미래에 해 주기로 지금 약속할 수 있는지를 요청한다. 즉, 약속에 대한 요청으로 지금 약속을 해 줄 것을 요청하는 것이다.

요청은 권유나 질문의 형태로 말한다. "해 주겠니?" "해 줄 수 있겠어요?"와 같은 형태로 말하는 것이다. 요청은 어디까지나 요청이다. 목소리의 톤이나 말하는 방식, 사용하는 어휘를 부드럽고 우호적으로 하여 상대를 대화에 초대하고 해법을 만들어 가도록 분위기를 조성하도록 한다. 단순하게 예, 아니오의 대답만으로 요청이 이루어지는 것이 아니라 요청하는 과정에서 소통이 이루어지며 상대가 기꺼이 자발적으로 응하는지 확인하는 것이 중요하다. 따라서 마음을 열고 소통할 수 있는 분위기를 만들 것이 중요하다.

(7) 나-전달법 종합

지금까지 익힌 나-전달법의 요소들을 종합하여 예를 살펴보자. 남편 혹은 아내가 분리 수거를 함께 하겠다고 하고 약속을 지키지 않았다고 가정하다. 너-전달법으로 표현한다고 하면 "당신은 지난번에 분리 수거 한다 해 놓고 안 하고. 오늘 분리 수거 하는 날인데 또 늦을 거지?"와 같이 표현할 수도 있다. 하지만 구체적 행동과 느낌, 욕구와 요청까지 살펴본다면 다음처럼 표현할 수 있다. "지난번에 분리 수거하는 날 12시 넘어 들어와서 내가 혼자 했잖아(구체적 행동). 섭섭하고 슬프더라구.(느낌) 힘든 일 도와주면 했거든(욕구). 오늘 바쁘더라도 9시까지는 들어오면 좋겠는데 들어와서 나랑 같이 할 수 있을까?(요청)."

나-전달법은 단지 주어를 '나'로 시작한다거나 이 요소를 모두 포함시키는 것만의 의미는 아니다. 상대를 존중하고 자신을 존중하여 진정한 마음의 만남을 원하는 표현이라는 것의 의미가 더 크다는 것을 기억하자.

나-전달법을 일상에서 잘 사용할 수 있으려면 많은 연습과 노력이 필요하다. 누군가를 만나고 난 뒤 마음이 찝찝하다면 그 사람 앞에서가 아니어도 내 느낌은 무엇이었는지, 욕구는 무엇이었는지 어떻게 해 주기를 바랐는지 생각해 보는 과정, 즉 표현뿐 아니라 스스로를 '나-전달법'으로 돌아보자. 다음에 만나서 다시 이야기해 볼 기회를 가질 수도 있고 꼭 이야기를 나누지 않는다 해도 자신의 마음을 명료화할 수 있기에 불편한 감정이 해소될 수도 있다.

Chapter 10

갈등관리

학습목표

1. 갈등의 의미와 특성에 대하여 학습한다.
2. 갈등의 유형과 전개 과정에 대하여 이해한다.
3. 갈등 해결의 구체적 방법에 대해 이해하고 적용한다.

Chapter 10

갈등관리

1. 갈등의 개념

1) 갈등의 의미

인간이 살아감에 있어 갈등의 경험은 필연적이다. 세대, 종교, 정치, 지역, 계층 간 갈등 등의 사회적 갈등뿐만 아니라 가까운 가족이나 친구 사이에서도 크고 작은 수많은 갈등을 경험하게 된다. 갈등은 서로 다른 목표나 가치관 혹은 입장의 차이에 의해 발생하는 것으로, 이를 방치하거나 해결하지 않으면 신뢰가 깨지는 등 여러 문제가 발생하게 된다.

갈등이 있는 것이 꼭 나쁘다고 볼 수만은 없는데 잠재적인 불만을 해소하지 않고 묶혀 두는 것보다 문제를 풀어내는 것이 더 나을 수 있기 때문이다. 또한 서로 다름의 차이를 인정하고 소통하고자 노력하게 되면 그 과정을 통해 문제 해결 능력을 키울 뿐만 아니라 함께 해결했다는 친밀감이 생겨 더 나은 관계로 발전할 수 있게 된다. 따라서 갈등은 서로의 목표를 추구하는 과정에서 의견이 달라 생기는 것이며 어떻게 대처하느냐가 더 중요하다 할 수 있다.

갈등(葛藤, Conflict)이란 서로 다른 방향으로 자라려는 칡과 등나무가 서로 얽히고설킨 모습에서 유래되었다. 칡과 등나무는 그 특성이 질기고 엉키었을 경우 분리가 힘들어 풀어내지 못하는 상태가 된다. 이를 비유하여 생각이나 이해관계가 복잡하게 얽힌 모습을 갈등이라 하는 것이다.

갈등에 대하여 학자들은 다음과 같이 정의했는데, 브라운(1983)은 '상호 이해관계가 다른 당사자들 간의 상반되는 행위'로 '개인, 집단, 조직 등의 사회적 실체들 내부의 비양립성, 불일치성, 부조화 속에서 나타나는 상호작용적 과정'을 갈등으로 설명했다. 라힘(Rahim, 1992)은 갈등을 '개인이나 집단 또는 조직과 같은 사회적 실체 내부나 그들 사이에서 모순, 의견 불일치, 상이함이 나타나는 상호작용 상태'라고 했다. 이처럼 개인 혹은 집단끼리 서로의 이해관계가 달라 상호작용을 하는 것이 갈등이라 할 수 있다.

갈등은 그 주체에 따라 개인 내의 갈등(예: 양심과 비양심 사이의 내적 갈등), 개인과 개인 간의 갈등(예: A 사원과 B 사원의 견해 차이), 개인과 집단 간의 갈등(예: A사원과 회사), 집단과 집단 간의 갈등(예: A팀과 B팀), 조직과 조직 간의 갈등(예: A기업과 B기업)으로 구분할 수 있다.

또한 갈등의 원인으로 살펴보자면 직무 갈등, 관계 갈등, 과정 갈등이 있고 직무 갈등은 직무 목표나 직무 내용과 관련하여 생긴 것이고, 관계 갈등은 인간관계에서 발생한 것이라 할 수 있다. 과정 갈등은 직무 분배나 수행 과정에서 생긴 갈등이다.

갈등 주체에 따른 구분

2) 갈등의 특성

갈등은 다음과 같은 특성이 있다.

(1) 갈등은 상호작용과 상호 의존성이 있을 때 발생한다. 즉, 서로 연결되어 있고, 누군가의 행동이 다른 이에게 영향을 미치는 관계 속에서 무언가가 맞지 않을 때 생겨난다.

(2) 갈등은 서로의 입장이나 목표가 맞지 않거나 충돌할 때 나타난다. 이는 상호 간의 의견 차이, 이해관계의 불일치, 또는 서로의 요구와 기대가 상반될 때 나타나는 현상이다.

(3) 갈등은 사람들이 느끼고 인식하는 것에서 시작한다. 만약 서로의 생각, 신념, 행동, 혹은 목표가 맞는다고 느끼면 갈등은 생기지 않는다. 즉, '우리가 서로 다르다'라는 인식이 있을 때 발생하는 것이다.

(4) 갈등은 정적인 상태가 아니라, 서로 영향을 주고받으며 상황이 바뀌는 동적인 과정이다. 갈등은 시간이 지남에 따라 변화할 수 있는데 처음에는 작은 문제로 시작하더라도 점점 더 커지고 복잡해질 수 있다.

(5) 갈등은 상황에 따라 다양하게 나타나며, 그 원인이나 표현 방식도 다를 수 있다. 갈등은 겉으로 드러나는 때도 있지만 잠재되어 드러나지 않는 경우도 있다. 또한, 때로는 이성적이고 논리적일 수도, 때로는 감정적이고 비합리적일 때도 있다.

Activity

함께 생각해 봐요

다음의 두 상황에 대하여 팀원들과 갈등 해결 방법을 찾아보고 발표한다.

▪ 팀 프로젝트 갈등

대학생 A,B,C는 팀 과제를 함께 하고 있다. A는 과제에 크게 힘을 쓰고 싶지 않다. 교수님이 제시한 정도에 맞추어 적당한 수준의 내용으로 구성하면 될 것 같다고 제안하고 있다. 반면 B는 세부적인 부분까지 완성도를 높이고 싶다. 질이 좋은 논문 수준까지 결과물이 나오기를 바란다. 이로 인해 A는 B가 너무 과하다고 생각하고, B는 A가 대충한다고 느껴 불만스럽다. 팀장인 C는 어느 정도는 A와 같은 생각인데 B가 너무나 강하게 의견을 내세워 눈치만 보고 있다.

① A와 B는 갈등을 해결하기 위해 어떠한 노력을 해야 할까? A와 B가 갈등을 해결하기 위해 어떠한 방법을 사용하면 좋을지 토의하시오.

② 팀장 C는 리더로서 어떻게 하면 좋을지 구체적인 방법을 논의하시오

▪ 친구 간의 갈등

친구 A와 B는 10년이 넘은 친한 친구이다. A는 요즘 B 때문에 자꾸 화가 난다. 이유는 B가 A의 자존심을 건드리는 말을 자주 하기 때문이다. 사실 그동안 B가 거슬리는 말들을 자주 해 왔으나 친구 사이니까 하고 그냥 넘어가 왔었다. 그러나 요즘 들어 심하다는 생각이 들어 참기가 힘이 든다. A는 B에게 심각하게 이야기해야 할지를 망설이고 있는데, B의 성향이 A의 충고를 받아들일 것 같지 않기 때문이다.

① A는 B에게 어떻게 하는 것이 좋을까?

② 겉으로 드러나는 갈등과 숨어 있는 갈등 중 어떤 갈등이 더 어렵고 그 이유는 무엇일까? 각 유형의 장단점과 해결 방법에 대해 논의하시오.

③ 갈등 상황에서 감정은 어떤 역할을 하게 될까? 감정은 갈등을 해결함에 있어 문제가 될지, 아니면 도움이 될지 팀원들과 의견을 나누어 본다.

■ **갈등에 대해 이해하기**

① 개인 간에, 조직 내에서 갈등은 어떠한 이유로 생기고 악화되는지 토론해 본다.

② 갈등의 긍정적 측면과 부정적 측면에 대해 생각해 보고, 사례를 찾아본다.

3) 갈등의 기능

'갈등이 없는 조직은 죽은 조직이고, 갈등이 있으나 해결하지 못한 조직은 병든 조직'이라는 말이 있다. 갈등은 잘 다루면 개인과 조직에 성장과 발전의 기회가 될 수 있다.

애플의 스티브 잡스(Steve Jobs)는 직원들에게 완벽주의이다 못해 강압적이었다고 한다. 그의 리더십 스타일은 직원들에게 큰 스트레스였지만 동시에 너 나은 제품을 개발하는 동기가 되었고 혁신적 제품의 탄생으로 연결되었다. 그와 직원들의 갈등은 직원들의 잠재력을 끌어올리는 촉매제 역할을 한 것이다. 이렇듯 갈등은 업무의 긴장감을 높이고 창의성과 도전 정신을 끌어낼 수 있게 한다.

반면 갈등이 거의 없는 조직은 무기력과 매너리즘에 빠지게 되어 도전적이거나 창의적인 시도를 하지 않게 된다. 이러한 회사는 변화하는 시장에 적응하지 못해 경쟁력을 상실한다. 즉, 갈등을 효과적으로 관리하게 되면 개인과 조직에게 긍정적으로 작동하게 되나, 잘 다루지 못하면 스트레스와 성과 저하로 연결될 수 있다. 다음은 갈등의 부정적인 기능과 긍정적인 기능에 대한 설명이다.

(1) 갈등의 부정적 기능

- **불필요한 에너지 소모:** 갈등으로 인해 개인의 스트레스가 증가하고, 업무 수행 능력도 저하된다.
- **의사결정 지연:** 갈등이 해결되지 않으면 중요한 결정을 적절한 시점에 제대로 내릴 수 없다.
- **생산성 저하:** 갈등이 심해지면 목표 추구나 문제 해결보다는 갈등에 에너지가 집중되어 생산성이 떨어진다.
- **팀워크 붕괴:** 조직 구성원들 간의 신뢰가 약해지고 파벌이 생기며, 팀원의 이탈로 인해 팀워크가 무너질 수 있다.
- **독재자 출현:** 갈등이 장기화하거나 해결되지 않을 때, 사람들은 신속하게 문제를 해결해 줄 강력한 리더를 원하게 되고 독재자가 등장할 가능성이 커진다.

(2) 갈등의 긍정적 기능

- **문제발견과 해결:** 갈등을 통해 숨겨져 있던 문제나 불만이 드러나고 이를 해결함으로써 더 나은 방향으로 발전하게 된다.
- **구성원 관계 강화와 의사소통 수준 향상:** 갈등 해결 과정에서 구성원 간에 서로의 상황을 이해하게 되어 의사소통의 질이 향상될 수 있다.

- **다양성과 창조성 증대:** 문제 해결 과정에서 새로운 아이디어와 해결책을 모색하게 되어 창의적인 접근을 할 수 있게 된다.
- **조직 응집력 향상:** 조직의 갈등이 잘 관리되면 조직에 대한 충성심과 함께 응집력이 향상하게 된다. 또한 조직은 더 유연해지며 혁신적인 풍토가 조성될 수 있다.

갈등의 기능

갈등 수준	낮음	이상적	높음
영향	역기능	순기능	역기능
조직유효성	낮음	높음	낮음
집단행동	의욕상실	적극적 목표 달성	비협조적
	무사안일	변화 지향적	분열
	새로운 아이디어 결여	창의적	혼란
	침체적	활발한 문제 해결	목적의식 결여

출처: 이재희 외(2016).

갈등의 순기능

- 문제발견과 해결
- 구성원 관계 강화와 의사소통 수준 향상
- 다양성과 창조성 증대
- 조직 응집력 향상

갈등의 역기능

- 불필요한 에너지 소모
- 의사결정 지연
- 생산성 저하
- 팀워크 붕괴
- 독재자 출현

2. 갈등의 유형과 전개 과정

1) 갈등의 유형

레빈(Lewin, 1948)은 갈등을 인간의 행동을 설명하는 중요한 요소로 보고, 이를 세 가지 유형으로 설명했다.

(1) 접근-접근 갈등(Approach-Approach Conflict)

두 가지 각자 다른 긍정적인 선택지 사이에서 하나를 선택해야 할 때 발생하는 갈등이다. 예를 들어, 입사 시험에 합격한 두 회사가 각기 다른 장점이 있을 때, 혹은 이사를 하고 싶은 두 곳의 장점이 다를 때 고민하게 된다. 이 경우 결국 하나는 버려야 하는 상황이 되는데 이 경우 갈등을 겪게 된다.

(2) 회피-회피 갈등(Avoidance-Avoidance Conflict)

두 가지 모두 부정적인 선택지 사이에서 선택에 곤란함을 느낄 때 발생하는 갈등이다. 어떤 선택을 해도 원치 않는 상황을 피할 수 없다.

예를 들어, 시험공부를 하지 않은 학생이 시험을 보면 낮은 학점을 받거나, 시험을 포기하면 재수강을 해야 하는 상황이다. 이처럼 어떤 선택을 해도 좋은 결과가 없을 때 느끼는 갈등이 회피-회피 갈등이다.

(3) 접근-회피 갈등(Approach-Avoidance Conflict)

하나의 선택에 긍정적인 면과 부정적인 면이 동시에 존재할 때 발생하는 갈등이다. 이 경우 선택의 대상이 매력적이면서도 동시에 부정적인 요소를 가지고 있다.

예를 들어, 결혼하면 사랑하는 사람과 함께 있게 되고 안정감이 생기지만, 동시에 기혼자로서의 새로운 역할과 책임이 발생하게 되는 경우이다. 이 경우 장단점이 함께 있기 때문에 고민하게 된다.

이러한 갈등 유형은 일상생활에서 다양한 상황에서 적용될 수 있으며, 사람들의 의사결정에 큰 영향을 미치게 된다.

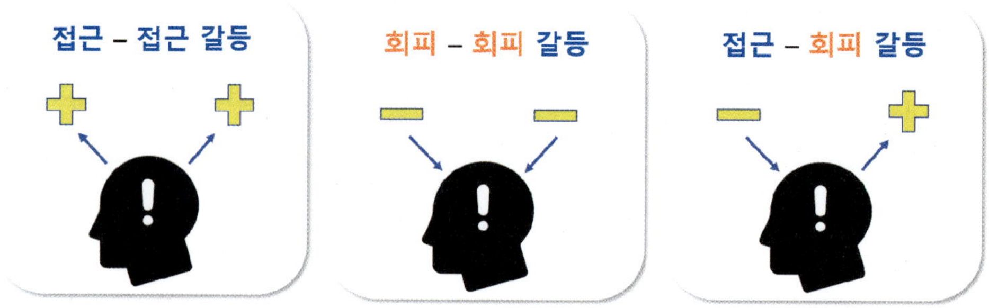

2) 갈등의 전개 과정

(1) 의견 불일치

인간은 다른 사람들과 함께 부딪치면서 살아가게 되는데, 서로 생각이나 신념, 가치관이 다르고 성격도 다르기 때문에 다른 사람들과 의견의 불일치를 가져온다. 많은 의견 불일치는 상대방의 생각과 동기를 설명하는 기회를 주며 대화를 나누다 보면 오해가 사라지고 더 좋은 관계로 발전할 수 있게 된다. 그러나, 오해로 인한 사소한 갈등이라도 내버려 두면 심각한 갈등으로 발전할 수 있다.

(2) 대결

의견 불일치가 해소되지 않으면 대결 국면으로 빠져들게 된다. 이 상황에서는 이제 단순한 해결방안은 없고 제기된 문제들에 대하여 새로운 다른 해결점을 찾아야 한다. 일단 대결 국면에 이르게 되면 감정이 개입되어 상대방의 주장에 대한 문제점을 찾기 시작하고, 자신의 입장에 대해서는 그럴듯한 변명으로 옹호하면서 양보를 완강히 거부하는 상태에까지 이르게 된다. 즉, 상대방의 입장은 부정하면서 자기주장만 하려고 한다. 서로의 입장을 고수하려는 강도가 높아지면서 서로 간의 긴장은 더욱 높아지고 감정적인 대응이 더욱 격화되어 간다.

(3) 격화

격화 단계에 이르게 되면 상대방에 대하여 더욱 적대적인 현상으로 발전해 나간다. 이제 의견일치는 물 건너가고 설득을 통해 문제를 해결하려고 하기보다는 강압적, 위협적인 방법을 쓰려고 하며, 심해지면 언어폭력이나 신체적인 폭행으로까지 번지기도 한다. 상대방에 대한 불신과 좌절, 부정적인 인식이 확산되면서 다른 요인들에까지 불을 붙이는 상황에 빠지기도 한다.

이 단계에서는 상대방의 생각이나 의견, 제안을 부정하고, 상대방은 그에 대한 반격으로 대응함으로써 자신들의 반격을 정당하게 생각한다.

(4) 진정

시간이 지나면서 정점으로 치닫던 갈등이 점차 감소하는 진정 국면에 들어선다. 계속되는 논쟁과 긴장이 귀중한 시간과 에너지만 낭비하고 이러한 상태가 무한정 유지될 수 없다는 것을 느끼게 되고, 점차 흥분과 불안이 가라앉히며 이성과 이해의 상태로 돌아가려 한다. 그러면서 협상이 시작된다.

협상 과정을 통해 쟁점이 되는 주제를 논의하고 새로운 제안을 하고 대안을 모색하게 된다. 이 단계에서는 중개자, 조정자 등의 제3자가 개입함으로써 갈등 당사자 간에 신뢰를 쌓고 문제를 해결하는 데 도움이 되기도 한다.

(5) 갈등의 해소

진정 국면에 들어서면 갈등 당사자들은 문제를 해결하지 않고는 자신들의 목표를 달성하기 어렵다는 것을 알게 된다. 물론 상황에 따라서는 결과에 다 만족할 수 없는 경우도 있지만 어떻게 해서든지 서로 일치하려고 한다.

3. 갈등관리

1) 갈등 대처방식의 5가지 유형

(1) 회피(avoiding)

회피는 갈등 상황을 피하거나 무시하는 방식을 취하는 것이다. 이 방법은 '나도 지고 너도 지는 것(I lose-You lose)'으로, 상대방의 욕구와 본인의 욕구를 모두 만족시킬 수 없게 된다. 이는 주로 갈등이 사소하거나 무시해도 될 때 혹은 갈등 해결의 준비가 되지 않았을 때 사용하게 되며, 감정적인 대응을 피하고 상황을 진정시킬 수 있는 장점이 있다. 그러나 이러한 상황이 길어지면 더 큰 문제로 발전할 수 있다.

(2) 강요(forcing)

강요는 '나는 이기고 너는 지는 방법(I win-You lose)'으로, 자신의 이익이나 목표를 달성하기 위해 상대방의 희생을 하도록 주장한다. 이 방법은 긴급한 상황이나 신속한 결정이 필요한 경우, 혹은 자신의 의견이 매우 중요한 경우 사용되는데, 빠른 결정과 강한 리더십을 발휘할 수 있으나 관계가 나빠지거나 상호 불신을 초래할 수 있다.

(3) 수용(Accommodating)

수용은 자신의 요구나 입장을 양보하고 상대의 요구를 들어주는 방식이다. 이는 '나는 지고 너는 이기는 것(I lose-You win)'을 말한다. 이 방법은 주로 상대방과의 관계가 더 중요하거나 자신의 견해를 지키는 것이 크게 중요하지 않을 때 사용한다. 장점은 관계를 유지하고 갈등을 빠르게 해소할 수 있다는 것이고 단점은 자신의 욕구가 충족되지 않기 때문에 나중에 불만이 생길 수 있다.

(4) 타협(compromising)

타협은 서로의 주장을 일부 포기하고, 적당한 중간 지점에서 해결책을 찾으려는 방식(give and take)이다. 주로 시간과 자원이 제한된 상황에서 빠른 해결이 필요할 때 사용하며 양쪽이 어느 정도 만족할 수 있는 장점이 있다. 그러나 최상의 해결책은 아닐 수 있고 양쪽 모두 어느 정도 손해라고 여길 수 있다.

(5) 협력(collaborating)

협력은 '나도 이기고 너도 이기는 방법(win-win)'을 말한다. 이는 갈등 당사자들이 서로 간에 정보를 교환하면서 최대한 협력하고 모두의 목표를 달성할 수 있는 윈-윈 해법을 찾는 것이다. 협력은 가장 바람직한 갈등 해결 유형이라 할 수 있으나, 시간과 노력이 많이 들며 당사자들 모두 적극적으로 참여해야 한다.

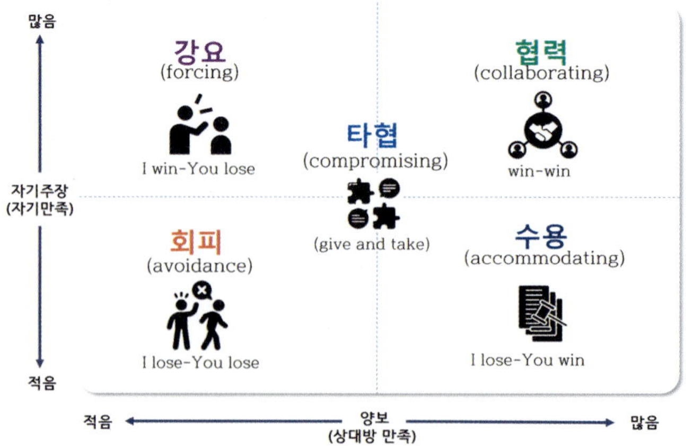

2) 갈등관리 방법

다음은 갈등 상황을 효과적으로 관리하고 해결하는 방법이다. 일상의 크고 작은 갈등 상황에서 본 내용을 적용해 보도록 한다.

1단계: 갈등 상황 인식

우선 갈등의 원인이 무엇인지를 파악한다. 갈등 상황에 대해 객관적으로 살피고, 나와 상대방이 원하는 것과 해결 방법은 무엇이 있을지를 살핀다. 이때 자신과 상대의 감정과 욕구에 대한 이해가 필요한데, 감정은 갈등 해결 과정에서 중요한 요인이기 때문이다. 나와 상대가 진정으로 원하는 것은 무엇이고 어떠한 감정과 욕구가 있는지를 구체적으로 이해하고 살피도록 한다.

2단계: 의사소통

갈등을 해결하기 위해서는 상대방에 대한 이해가 필수적이다. 방어적인 태도를 내려놓고 상대의 입장에 대해 이해하고 적극적으로 경청하려는 노력을 지속한다. 이때 대화의 방식은 자신의 감정을 솔직하게 표현하되 비난과 공격의 언사는 하지 않도록 한다.

3단계: 해결안 탐색

갈등을 해결하기 위해서는 문제의 본질 이해와 적극적인 해결책 탐색이 필요하다. 서로 감정을 내려놓고 합리적으로 문제 해결을 위해 노력하도록 한다. 양측이 동의할 수 있는 공통의 목표를 설정하고 서로의 욕구를 만족할 수 있는 다양한 해결안을 탐색한다.

4단계: 해결책 선택

서로가 제시하는 해결방안 중에서 효과적이고 실천 가능한 해결책을 선택한다. 해결책 선택 시에는 문제(what), 원인(why), 방법(why)을 고려해서 평가하도록 한다. 이후 선택한 해결책을 어떻게 실행할 것인지 구체적인 계획을 세우고, 필요한 자원이 있다면 그에 대해서도 구체적으로 논의한다.

5단계: 실행

실행 과정 중 나온 문제점과 효과적 방법에 대해 지속적으로 피드백하며 완성도를 높인다. 실행 단계에서의 문제점 파악 및 해결을 위해 모니터링을 실시하며, 필요하다면 pilot test를 통해 문제점을 보완하고 대상 범위를 넓혀 갈 수도 있다.

6단계: 평가 및 피드백

해결책이 얼마나 효과적으로 적용되었는지 평가한다. 문제 해결의 유무, 추가적인 조치의 필요성에 대해서도 논의한다.

Activity
생각해 봐요

다음은 윌리엄 유리(William Ury)의 저서 『하버드는 어떻게 최고의 협상을 하는가』에서 제시하는 '나 자신과의 협상에서 성공하는 법'이다. 내용을 읽고 자신에 대해서도 살펴보도록 한다.

1. 자신의 입장에서 생각하기

첫 번째 단계는 자신의 가장 큰 적수를 아는 것이다. 바로 자기 자신이다. 이 단계에서는 자신을 마치 거래의 중요한 고객을 대하듯 내재된 요구사항들을 공감하며 들어보는 것이다.

2. 자신의 내적 배트나(BATNA) 개발하기

대부분의 갈등이 생기면 상대방을 원망하지 않기가 매우 힘들다. 1단계와 마찬가지로 자신의 삶과 인간관계에 스스로 책임을 지는 것이다. 구체적으로, 당신의 내적 배트나(Best Alternative To a Negotiated Agreement), 즉 '협상이 어려울 시 선택할 수 있는 최상의 대안'을 찾는 것이다. 남들과 상관없이 자신의 요구사항들을 누구의 도움 없이 잘 해결하고자 하는 자신과의 약속이다.

3. 자신의 시각을 재설정하기

인간은 누구나 결핍에서 생기는 두려움을 가지고 있다. 이때, 자신의 인생을 바라보는 시각을 바꿔 보자. 자신만의 독립적이고 충분한 행복의 원천을 만들면, 인생의 긍정적인 측면을 바라볼 수 있을 것이다.

4. 현재에 머무르기

대립 관계의 한가운데 있을 때, 우리는 지나간 일에 대해 부정적인 감정을 갖거나 미래에 대해서 불안하며 걱정하기 쉽다. 그러나 그 반대로 행동할 경우, 당신이 진정한 만족을 경험할 수 있게 해 주는 힘을 주며 힘든 상황을 더 잘 해결할 수 있도록 해 준다.

5. 그대로 그들을 존중하기

거절당할 때 우리는 거절은 거절로, 개인적 비난은 비난으로, 또 따돌림은 따돌림으로 대응하기 쉽다. 그러나 이를 있는 그대로 수용해 보자.

6. 베풀기와 되돌려 받기

물량이 한정적일 때는 Win–Lose 함정에 빠져 오직 자신이 원하는 것에만 집중하기 쉽다. Win–Win 접근 방법으로 가는 것은 받기보다 먼저 베푸는 것이다. 자신으로부터 예스(Yes)를 이끌어 내는 과정은 발전 지향적 수용과 존중의 태도로서, 처음에는 자기 자신으로부터 시작해 다음으로는 자신의 인생, 마지막으로는 타인을 향한 자세로 확장된다.

자기 자신에게 예스(yes to self)는, 자기입장에서 생각해 보고 자신의 내적 배트나(BATNA: Best Alternative To a Negotiated Agreement)를 발전시킴으로써 할 수 있다. 또 자기 자신과 인생에 대한 다양한 시각을 갖고, 현재 시점에 머묾으로서 자신의 인생에 예스(yest to life)라고 말할 수 있게 된다. 마지막으로 타인에게 예스(yes to others)는, 그들을 존중하고 베풀기와 되돌려 받기를 통해서 가능하다. 이 모든 예스들이 하나의 내면의 예스가 되어 타인으로부터 손쉽게 예스를 이끌어 낼 수 있게 도와주고 특히나 힘든 갈등 상황을 해결할 수 있도록 해 준다.

출처: Ury(2016).

▪ 갈등 해결 방법 모색과 적용

평소 자신의 의사결정의 스타일과 갈등 상황에서의 행동 패턴을 이해하고 개선 방법에 대해서 생각해 본다.

① 평소 자산의 의사결정 스타일과 갈등 상황에서의 행동 패턴은 무엇인지 작성한다.

② 자신의 방식 중 개선하고 싶은 것이 있는지 생각해 보고 어떻게 개선하면 좋을지 구체적인 행동 계획을 세워 본다.

Chapter **11**

팀워크 향상

학습목표

1. 팀워크의 의미와 중요성에 대하여 이해한다.
2. 팀워크 향상 방법에 대하여 학습하고 적용한다.

Chapter 11

팀워크 향상

1. 팀워크의 개념

1) 팀워크의 중요성

팀은 인류 사회의 발전과 함께 오래전부터 형성되어 왔다. 협력과 공동 작업은 생존을 위한 필수 요소였기 때문에, 사람들은 자연스럽게 팀을 구성하게 된 것이다. 예를 들면, 초기 인류는 사냥과 채집을 위해 소규모의 집단을 형성했고 서로 협력하여 먹을거리와 안전을 확보하고 생존했다. 우리 속담에 "백지장도 맞들면 낫다."라는 말이 있다. 여러 사람이 함께하면 일이 훨씬 수월해진다는 의미이다. 경영관리와 리더십 분야의 권위지인 켄 블랜차드(Ken Blanchard)는 "우리 중 누구도 모두만큼 똑똑하지 않다."라고 했는데, 혼자보다는 여러 사람의 지혜가 더 강력함을 의미하며 이 또한 팀워크의 중요성을 말하는 것이다.

현대 사회는 기술의 발전과 세계화로 인해 변화의 속도가 매우 빠르다. 이러한 변화에 적응하고 성공하기 위해서는 문제를 신속하게 해결하고 새로운 아이디어와 전략을 세울 수 있는 능력이 필요한데, 팀워크는 이러한 요구를 충족시키는 핵심 요소라 할 수 있다. 각기 다른 능력과 지식을 가진 사람들이 협력하여 복잡한 문제를 보다 효율적으로 해결할 수 있기 때문이다.

팀은 혼자 해결할 수 없는 문제나 과제를 효과적으로 처리하는 것에 효과를 발휘한다. 한 사람이 모든 지식과 기술 그리고 경험을 가질 수는 없으므로, 서로 다른 능력을 갖춘 사람들이 모여 공동의 목표를 달성하기 위해 팀을 이루게 되는 것이다. 예를 들어, 병원은 의사, 간호사, 약사, 치료사 등 다양한 전문가가 모여 팀을 이루어 환자의 건강을 살핀다. 이들이 팀으로 이루어지지 않았다면 환자에 대한 치료는 더 어려워지고 비효율적이었을 것이다. 이렇듯 팀 구성을 통해 복잡한 문제를 다양한 관점에서 바라볼 수 있게 되며, 합리적이고 효율적인 문제 해결이 가능해진다.

특히 MZ세대에게 팀워크의 이해와 적용은 개인과 조직에서 높은 성과를 가져오게 할 수 있다. MZ세대는 개인주의적 특성이 있으면서도, 가치 창출에 높은 관심이 있다. 이들에게 팀워크는 단순히 협력이 아니라, 성과를 창출하는 수단이 될 수 있는 것이다. 수평적인 소통을 선호하며 새로운 관점과 아이디어에 대해 개방적이고 디지털 기술에 능숙한 MZ세대는 기존 세대보다 더 효율적인 협업이 가능하다. 따라서 팀워크의 중요성과 효율적인 팀워크의 방식을 이해한다면 팀의 성과뿐만 아니라 개인의 경쟁력도 함께 높일 수 있을 것이다.

팀워크는 개인이 자신의 강점을 발휘하고 약점을 보완하며, 새로운 기술과 지식을 습득할 수 있는 기회를 제공한다. 조직은 팀을 통해 혁신적인 아이디어와 창의적인 해결책을 도출할 수 있다. 즉, 팀워크의 가치 인식을 통해 실생활에서도 이를 실천하는 방법을 배울 수 있다면 개인에게는 문제 해결 능력과 창의성을 기르는 좋은 기회가 될 것이며 조직의 생산성과 혁신성은 더욱 증대할 것이다.

팀워크 명언

개미 천 마리가 모이면 맷돌도 든다.
(우리 속담)
멀리 가려면 함께 가라.
(아프리카 속담)
화살 하나는 쉽게 부러져도 화살 한 묶음은 쉽게 부러지지 않는다.
(징기스칸)
팀워크는 평범한 사람들이 비범한 결과를 이룰 수 있도록 해 주는 연료다.
(카네기)

2) 팀워크의 정의

팀은 혼자 일하는 개인보다 더 높은 업무성과를 낸다. 팀에는 여러 명이 함께 하게 되기 때문에 혼자보다 더 다양한 경험과 기술을 보유하기 때문이다. 팀의 구성원들은 업무 수행 과정에서 발생하는 여러 문제를 함께 보완하고 극복하면서 공동의 목표와 효율적인 업무처리 방식 들을 정하게 되며, 이는 조직의 경쟁력과 함께 개인에게는 성취 경험이 된다.

팀의 정의를 살펴보면, 팀이란 팀 수행을 위한 구체적인 역할이나 책임이 할당된 2명 이상의 사람들로 구성된 소수집단(Salas, Sims & Burke, 2005)으로 공동의 목표를 위해 각자의 능력을 지닌 사람들이 역동적이고 상호의존적인 상호작용을 하는 집단을 의미한다.

윤정헌(2001)은 팀워크(team-work)를 '조직구성원이 조직 공동의 목표를 달성하기 위하여 각각의 역할에 따라 책임을 다하고 협력적으로 행동하는 것'이라고 했으며, 박원우(2006)는 팀워크를 '구성원들이 공동 목표의 달성을 위해 각 역할에 따라 책임을 다하고 협력적으로 행동하는 것이며, 이러한 집단 구성원들의 응집성이 성과에 긍정적인 시너지를 창출할 수 있는 방향으로 집결된다'고 하였다.

'팀'이란

'팀 수행을 위해 구체적인 역할이나 책임이 할당된 2명 이상의 사람들로 구성된 소수집단'

'팀워크'란

'공동의 목표를 달성하기 위해 각 역할에 따라 책임을 다하고 협력적으로 행동하는 것'

3) 효과적 팀워크의 구성요소

팀의 구성은 다양한 배경과 전문성을 가진 구성원들이 모여 서로의 강점을 활용하는 기회를 제공한다. 그러나 팀을 구성한다고 해서 늘 성공적인 것은 아니다. 구성원 각자가 충분한 지식과 경험, 그리고 의지가 있다고 해도 그 팀의 성과가 높지 않은 경우가 많으며, 이를 팀워크 미흡이라 한다.

효과적인 팀은 단순히 일을 나누어서 하는 것이 아니라, 업무 목적에 따라 각자의 능력을 극대화하여 더 나은 결과를 만들어 낼 수 있어야 한다. 리커트(1991)는 효과적인 팀의 특성을 다음과 같이 제시하고 있는데 팀의 분위기는 긴장이 적고 편안하며, 상호존중하에 자유롭게 의사소통이 이루어지고, 팀구성원들은 팀의 과업을 이해하고 수용하고 있어야 한다. 또한 팀 내 의사결정은 다수결이 아니라 합의를 통해서 결정을 내리며, 활동이 결정되면 과업이 명확하게 할당되고, 팀 구성원들은 할당된 과업을 수용한다고 하였다.

카첸바흐와 스미스(Katzenbach & Smith, 1993)는 높은 성과를 보이는 팀은 구체적인 공동의 목표와 비전을 가지고 있으며, 내부적인 책임감이 강하고, 업무 수행에 있어 직위에 상관없이 팀 구성원이 모두 업무 수행에 기여하고, 동료들과 협력하여 일한다. 또한 개인적인 성장을 위해서 노력하는 개인들로 구성되어 있다고 하였다.

이를 정리하자면 효과적인 팀워크를 위해서는 팀원들 간에, ① 서로 신뢰하고 도움을 주는 관계가 형성되어 있어야 하며, 모두가 이해하고 동의하는, ② 명확한 목표를 가지고 있어야 한다. 이를 통해 협력의 힘이 발휘되기 때문이다. 또한 과업을 수행하는 데 있어 의견을 편안하게 나누고 정보 교환과 문제 해결을 하기 위해서는, ③ 원활한 의사소통이 필요하다. 또한 팀원들은 직위에 상관없이, ④ 모두 노력하고 협력적인 개인들로 구성되어야 한다.

효과적 팀워크의 구성 요소

- 신뢰와 호혜성
- 명확한 목표
- 원활한 의사소통
- 노력하는 구성원

Activity

함께 해 봐요

3~5명 정도 팀을 이루어 다음의 게임을 함께해 본다. 게임을 한 후 혼자 했을 때와 팀이 함께했을 때 어떤 차이가 있을지, 팀 게임을 잘하기 위해서는 무엇이 필요한지도 생각해 본다.

● 환상의 팀 만들기

- 우리 팀을 상징하는 독창적인 팀 이름과 팀 구호를 정한다.

- 각자의 장점을 살려서 팀 내 역할과 창의적인 역할의 명칭을 정한다.

- 우리 팀이 꼭 지켜야 하는 팀 규칙을 3~5개 정한다.

- 다른 팀원들에게 팀명과 팀 구호, 팀 역할과 명칭, 팀 규칙을 발표한다.

팀워크 게임-1

각 팀원들 간에 서로 일치하는 공통점을 찾는다. 좋아하는 음식, 색깔, 여행지 등 무엇이든 가능하다. '모두 남자다, 같은 학교를 다닌다' 등의 뻔한 공통점이 아닌 것을 찾도록 한다. 공통점을 제한 시간 이내에 가장 많이 찾도록 한다.

팀워크 게임-2

각 팀별로 다음의 그림을 2가지로 나누어 본다. 최대한 개수를 많이 생각해 낸다.

토론하기

다음의 주제에 대하여 토론하고 발표한다.

① 빨리 실패하는 조직의 특징

② 성공하는 조직과 구성원의 특징

2. 팀의 발달단계

팀의 발달단계는 '형성기(Forming), 격동기(Storming), 규범기(Norming), 수행기(Performing), 해체기(Adjourning)'의 다섯 단계로 나눌 수 있다(Tuckman, 1977). 팀들의 발달 과정은 거의 모두 이 단계를 거치지만 그 속도는 각자 다르다. 따라서 각 단계에서 팀원들의 행동 변화를 이해하고 시기별로 적절한 대처를 한다면 빠르고 효과적인 팀 발달을 할 수 있다.

(1) 형성기(Forming)

팀이 만들어지는 단계로, 팀 구성원들이 서로 익숙하지 않고 불안한 시기이다. 팀원들은 서로 신중하고 조심스러우며 역할과 목표, 기본적인 규정 등을 정한다. 이 시기에 팀원들은 리더에게 의존적이며, 서로 감정표출은 억제하고 인정받기를 원한다.

(2) 혼돈기(Storming)

이 시기가 되면 팀원들 간에 의견 차이가 생기고 갈등이 발생하기 시작한다. 같은 팀인 것은 인정하나 역할 분담이나 작업 방식에 대해 서로의 의견이 부딪히고 불만을 느끼기도 한다. 이 단계는 팀의 성장에 있어 중요한 시기인데 서로의 의견 차이를 좁혀 가며 타협과 양보하지 않으면 팀은 함께할 수 없고 이 단계를 넘어설 수 없다.

(3) 규범기(Norming)

규범기는 정착기라고도 하는데 팀의 목표구조, 소속감과 응집력이 높아지며, 팀의 규칙과 규범이 자리 잡히는 단계이다. 이 시기에는 서로의 차이를 이해하며 갈등을 해결하고, 서로 신뢰하며 공동의 목표를 위해 노력한다. 팀원들은 갈등은 되도록 피하려 하고 서로의 비판은 자제하며 팀에 대해 만족한다. 이 시기의 가장 중요한 기능은 의사소통으로 서로 정보와 의견을 활발히 교환한다.

(4) 성숙기(Performing)

팀이 안정적으로 작동하며 높은 수준의 성과를 성취하는 단계이다. 팀의 구성원들은 각자의 역할을 잘 이해하고 효율적으로 협력하며 일한다. 이 시기에는 문제 해결력과 생산성, 팀에 대한 충성심 모두 높은 수준을 보이는데, 모든 팀이 이 단계에 이르는 것은 아니다.

(5) 쇠퇴기(Adjourning)

프로젝트나 작업이 완료되어 팀이 해체되거나 조정되는 단계이다. 팀의 유지가 불필요하거나 팀원으로서의 소속 사유가 없어지면 탈퇴나 집단 해체가 이루어진다. 해체는 서서히 이루어지기도 하고 공식적인 날에 해체하기도 한다. 만약 해체가 불필요하고 계속 유지되어야 하는 경우는 구조적 혁신과 변화를 모색하기도 한다.

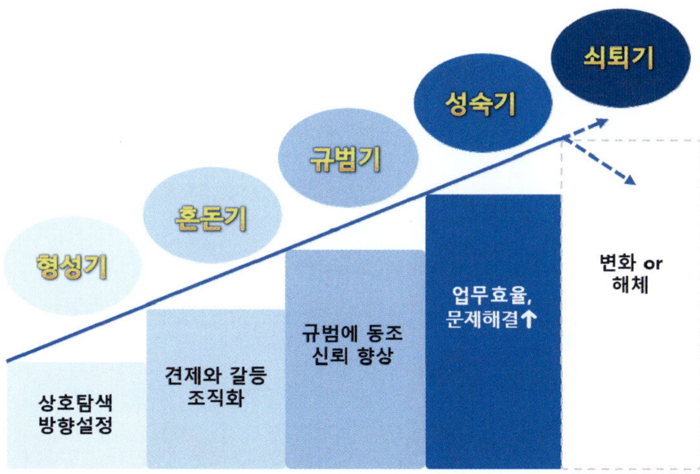

Activity

함께 생각해 봐요

링겔만 효과와 시너지 효과

100여 년 전, 독일의 심리학자 링겔만(Ringelmann)은 줄다리기를 통해 집단에 속해 있는 개인들의 공헌도 변화를 측정하는 실험을 하였다. 개인이 당길 수 있는 힘을 100이라고 볼 때 2명, 3명, 8명이 되면 200, 300, 800의 힘이 발휘될 것으로 예상하였으나 실험 결과에 따르면 2명일 때는 기대치의 93%, 3명일 때는 85%, 그리고 8명일 때는 64%의 힘의 크기만 작용하는 것을 알게 되었다.

위 실험을 통해 집단 속에 참여하는 개인의 수가 늘어날수록 혼자서 일할 때보다 노력을 덜 기울이기 때문에 나타나는 현상으로 해석될 수 있는데, 즉 자신에게 명확한 역할과 책임이 부여되는 1:1의 상황과는 달리 '여러 명' 가운데 한 사람으로 존재할 때 '익명성'의 보호로 인해 최선의 노력을 다하지 않게 된다는 심리에서 기인하는 것이다.

미국에서 있었던 또다른 형태의 실험을 통해 '링겔만 효과'를 다시 검증해 보았다. 어느 청년이 해변에서 일광욕을 즐기던 휴가객 바로 옆에서 녹음기를 틀어 놓은 채 음악을 듣다가 바닷물로 뛰어 들어가게 하고, 이때 도둑 역할을 맡은 사람이

녹음기와 청년의 귀중품을 몰래 챙겨 달아나게 하는 실험설정에서 20회 실험 중 4회만 인접한 사람들이 그 '도둑'을 잡으려고 했을 뿐이었다.
하지만 청년이 바닷물에 뛰어 들어가기 전에 옆의 휴가객에게 "제 물건 좀 봐 주세요"라고 직접 부탁했더니 놀랍게도 20회 실험 중 19명이 도둑을 잡으려고 노력했다는 결과가 있었다.

이는 지켜 주겠다고 약속한 것을 유지하기 위해 사람들이 노력한다는 결과라고 할 수 있다. 즉, 자신이 여러 명 중의 한 명, 또는 주목받지 않는 방관자로 취급받을 때 사람은 의식적이든 무의식적이든 최선을 다하지 않게 되지만, 개인 혼자에게 주어진 책임이거나 자신이 그렇게 하겠다고 약속한 경우에는 위험을 감수하며 노력한다는 것이다.

몇 년전 국내에서 남성들의 몸짱 열풍을 몰고 왔던 '300'이라는 영화가 있었다. 300명에 불과한 스파르타의 왕과 전사들이 페르시아 100만 대군에 맞서 수적 열세를 극복하며 선전하는 장면을 볼 수 있었는데 이는 수적 우세만을 과신한 페르시아 군대에 비해 개인 전사별 명확한 역할 부여와 군대의 역량을 하나로 집중시키는 스파르타 왕의 통합적 리더십을 보여 주었다. 100만 페르시아 군대는 링겔만 효과를 정확히 이해하지 못하고, 산술적인 수적 우세만을 과신해서 진격하였고, 자신의 군대 역량을 이미 알고 있는 스파르타 군대는 적은 인원으로 최대의 성과를 내기 위해 철저한 역할 분담과 조직에 충성하는 몰입도를 보여 줬다.
스파르타와 페르시아의 전쟁이기보다는 시너지 효과와 링겔만 효과의 대결이라고도 볼 수 있을 것이다.

출처:FSB연구소 경영연구팀 김봉석 bongsuk@shinhan.com '시너지 효과와 링겔만 효과' 내용 일부 발췌.

토론하기

① 어떠한 조직문화에서 링겔만 효과가 나타나는지 토의하시오.

② 개인이 조직 내에서, 혹은 일상에서 시너지 효과를 얻기 위해서는 어떻게 해야 할지에 대해 토론하시오.

3. 효과적인 팀워크 촉진 방법

1) 사회적 태만을 감소시키는 방법

사회적 태만(social loafing)은 사람들이 그룹 활동에서 개인의 노력이 눈에 띄지 않는다고 느낄 때 발생하는 현상으로, 자신의 노력을 줄이는 것을 의미한다. 사회적 태만을 감소시키기 위해서는 다음과 같은 관리가 효과적이다.

(1) 공동의 목표를 설정하고 동기 부여한다.

자신의 기여가 목표 달성에 중요하다고 여기는 목표를 설정하거나 그렇게 여기도록 설득한다. 팀의 목표를 명확하고 구체적일수록 팀원들은 목표 달성을 위해 서로 협력하게 된다.

(2) 명확한 역할과 책임을 부여하고, 개별 성과를 평가한다.

각 팀원의 역할과 책임을 명확하게 하며, 개인의 업적에 따라 기여도를 평가하고 피드백한다. 평가 시에는 상사 혼자서 구성원 전체를 평가하는 것보다 다면평가가 더 효과적이다.

(3) 작고 응집력 있는 팀을 구성한다.

팀의 규모가 커질수록 사회적 태만이 발생할 가능성이 커지므로, 가능한 한 작고 응집력 있는 팀을 구성한다. 팀원들 간의 친밀감과 신뢰가 높아지면 더 책임감 있게 행동하게 된다.

(4) 성과자에 대한 인정과 보상을 한다.

모범적이거나 성과를 낸 팀원에게는 보상을 제공하거나, 팀 전체에 기여한 점을 인정해 준다.

그 외에 팀원들 간의 상호 의존성을 강화하거나 다른 팀과의 경쟁을 통해 팀원들을 독려할 수 있다.

2) 효과적인 팀워크 촉진 방법

효과적인 팀이란 팀원 간에 상호협력과 팀 목표 관련 행동을 동시에 잘 수행하는 팀을 말한다. 이러한 팀은 명확하게 목표가 설정되어 있고 역할을 잘 이해하고 있으며 서로 협력적으로 소통한다. 효과적인 팀의 구체적인 특징은 다음과 같다.

(1) 명확한 목표 설정

명확하고 구체적인 목표는 팀의 방향성이 된다. 목표가 분명하면 팀원들은 어떠한 일을 해야 하는지를 알기 때문에, 불필요한 에너지를 사용하지 않으며 집중력을 발휘할 수 있게 된다. 또한 모든 팀원이 같은 기준으로 판단하기 때문에 의사결정이 빠르고 따라서 팀의 효율성이 높아지게 된다.

(2) 역할과 책임의 분담

효과적인 팀은 각 팀원이 자신의 역할과 책임을 명확히 이해하고 수행한다. 팀원들의 역할이 불명확하면 갈등이 발생할 수 있으며 당연히 성과에 부정적인 영향을 미치게 된다. 또한 팀원들은 자신의 역할뿐만 아니라 다른 팀원들의 역할도 잘 이해하고 있어야 한다. 팀원들이 서로의 역할을 이해하면 더 원활한 협력과 효과적인 지원이 가능하기 때문이다.

(3) 팀 조직화

효과적인 팀은 팀의 목표를 달성하기 위해 필요한 규정과 절차, 방침 등을 효율적으로 구성한다. 따라서 팀 초기에 각 구성원의 역량을 최대한 발휘할 수 있는 환경을 조성하고, 팀 전체가 협력할 수 있는 체계를 마련해야 하며 이는 팀의 성과와 효율성을 높일 수 있는 조건이 된다.

(4) 효과적인 의사소통

효과적인 의사소통은 정보공유와 문제 해결뿐만 아니라 창의적인 아이디어 개발과 구성원 간에 신뢰 형성에도 중요하게 작용한다. 또한 소통을 통해 팀원들은 변화하는 상황에 대해서도 유연하게 대처할 수 있게 된다. 따라서 구성원들은 서로 열린 대화와 피드백을 할 수 있도록 기회를 주어야 한다. 특히 갈등 상황에서 개방적이고 솔직한 의사소통은 갈등을 빠르게 해결하는 데 중요한 역할을 하게 한다.

(5) 리더십 발휘

효과적인 팀에서는 리더뿐만 아니라 구성원 모두가 리더십을 발휘하는 것이 필요하다. 리더의 리더십과 구성원의 리더십은 서로 다른 방식으로 팀의 성과와 협력에 이바지하게 되며, 함께 작용할 때 팀의 역량을 최대로 끌어올릴 수 있다. 팀의 리더는 목표 설정, 의사결정, 갈등 관리, 동기 부여 등의 임무를 수행하여 팀의 방향을 이끌 수 있으며, 구성원들은 자기 주도적으로 행동하고 협력하며 창의적인 아이디어를 제안함으로써 리더십을 발휘할 수 있다.

(6) 동기 부여

동기 부여는 팀원들이 목표를 달성하기 위해 끊임없이 노력하게 하고, 협력적이며 혁신적인 아이디어를 낼 수 있도록 한다. 따라서 동기부여는 팀의 생산성, 창의성, 협력, 개인의 성장에 긍정적인 영향을 미치며 팀 전체의 성공을 이끄는 원동력이 된다.

(7) 효과성 평가

효과성 평가는 팀의 성과와 운영 과정을 객관적으로 분석하고 개선하는 데 필요하다. 팀과 구성원의 목표를 얼마나 잘 수행하고 있는지를 평가하고 이를 바탕으로 전략을 수립하여야 한다.

Activity

함께 생각해 봐요

다음의 내용에 대해 조원들과 토의하시오.

① 평소 팀워크에 대한 본인의 생각은 어떠했는가, 그 이유는? 그리고 수업 이후에 그러한 생각은 어떻게 변화했는가?

② 팀워크 경험사례 중 성공 혹은 실패 경험을 나누고 성공 요인과 실패 요인에 대해 토의하시오.

Chapter 12

팔로워십과 리더십 개발

학습목표

1. 팔로워십의 개념과 유형에 대하여 이해한다.
2. 리더십 향상 방법에 대하여 이해하고 적용한다.

Chapter 12

팔로워십과 리더십 개발

1. 팔로워십

1) 팔로워십의 중요성

많은 사람이 리더십의 중요성을 강조하지만, 조직이나 팀이 성공하기 위해서는 팔로워십이 가장 중요한 요인이라 할 수 있다. 세계적 경영학자인 피터 드러커(Peter Drucker)는 "팀은 리더의 비전뿐만 아니라 팔로워들의 헌신으로 완성된다."고 말하며, 목표 달성에 있어 팔로워의 중요성에 관해 강조했다. 즉, 리더가 훌륭한 리더십을 발휘하더라도 그의 부하들이 협조하고 지지하지 않는다면 리더십이 발휘되지 않는다는 것이다.

팔로워십은 조직의 성공과 실패에 가장 큰 요인이라 할 수 있다. 예를 들어, 넷플릭스는 직원들의 자발적 팔로워십으로 성공한 조직이다. 넷플릭스는 직원들의 자율성과 함께 솔직한 피드백을 권장한다. 이곳에서는 직원들이 리더의 비전을 실현하는 과정에서 문제점이 발견되면 솔직하게 피드백하고, 개선 방법을 함께 찾는다. 이를 통해 새로운 아이디어가 끊임없이 등장하게 되며, 리더와 팔로워가 함께 성장하는 조직문화가 형성되는 것이다. 이러한 올바른 팔로워십 덕분에 넷플릭스는 변화에 빠르게 적응하고 세계적으로 경쟁력 있는 기업으로 자리 잡게 되었다.

이처럼 훌륭한 팔로워십은 리더의 비전을 무비판적으로 따르기보다는 건설적인 질문을 던지고, 피드백하며 함께 목표를 실현해 나가는 과정이다. 제대로 된 팔로워십이 없는 조직에서는 리더의 결정에 대한 비판적 사고가 사라지고, 궁극적으로는 조직이 위기에 처할 수 있다. 히틀러의 나치처럼 극단적이고 맹목적인 팔로워십 사례는 역사적으로도 많이 찾아볼 수 있다. 어느 한 리더의 잘못된 결정이 비판받지 않고 팔로워들에 의해 그대로 실행되었을 때, 결국 조직 전체가 위기에 처하게 되는 것이다.

리더가 빛을 발할 수 있도록 지지하고 이끄는 팔로워십은 조직이 하나로 움직이고 목표를 달성하는 데 핵심적인 역할을 한다. 따라서 팔로워십이란 무엇인지, 그리고 효과적인 팔로워가 되기 위한 역할을 이해하는 것은 조직뿐만 아니라 개인의 발전과 성공에도 도움이 될 것이다.

Activity

함께해 봐요

항공 산업은 철저한 안전 관리와 팀워크가 필수적인 분야이다. 특히 항공기 조종사들은 서로를 신뢰하고 협력하며 비행 안전을 확보해야 하며, 이 과정에서 조종사들의 리더십과 팔로워십이 중요한 역할을 하게 된다. 항공사 조종사로서의 성공적인 팔로워십은 단순히 지시에 따르는 것 이상을 수행하는 것으로, 항공 사고를 미리 방지하고 비상 상황에서 모든 승객의 안전을 지키는 것이 목적이 되어야 한다.

다음은 항공기 사고 관련한 팔로워십 사례이다. 다음의 성공과 실패 사례를 통해 팔로워십에 대해 구체적으로 이해해 본다.

팔로워십 실패 사례: 테네리페 참사

1977년 테네리페 공항에서 발생한 항공 사고는 팔로워십 실패의 대표적인 사례로 자주 언급된다. 이 사고는 역사상 가장 치명적인 항공 사고로 기록되었으며, 두 대형 항공기가 활주로에서 충돌하여 583명이 사망했다. 사고의 원인은 복잡한 사유가 많았지만, 주요 원인 중 하나로 지목되는 것은 조종사들 간의 리더십과 팔로워십 실패이다.

당시 KLM 항공의 기장은 이륙 허가를 받은 것이라 착각하여 활주로를 점유했고, 부기장과 관제사가 팬암기가 활주로에 있음을 알렸지만 이를 묵살했다. KLM 기장은 매우 권위적인 기장이었기에 부기장과 관제사는 더 이상 이의를 제기하지 않았고 결과는 최악의 참사로 이어졌다.

팔로워십 성공 사례: 허드슨강의 기적

영화 "허드슨 강의 기적"으로 알려진 US 항공 1549편 불시착 사건은 팔로워십의 성공적인 사례가 될 수 있다. 불가피한 비상 상황에서 기장 설렌버거는 침착하게 항공기를 강에 착수시키며 승객과 승무원을 모두 구조했다. 이후 설렌버거 기장은 인터뷰에서 모두가 무사할 수 있었던 자신의 리더십 때문이 아닌 모두의 노력 덕분이었다고 강조했다. 그는 "승객 모두와 구조 대원들, 관제사들, 출근 보트 선원들과 스쿠버 경찰들 모두 같이 해낸 겁니다."라고 하며 성공적인 탈출이 자신만의 공이 아닌 협력의 결과임을 강조했다. 이 사례는 리더십뿐 아니라 팀 전체의 팔로워십이 비상 상황에서 얼마나 중요한지를 보여 준다.

이미지 출처: 워너브러더스 코리아(주).

생각해 보기

① 위의 두 사례 관련하여 내용을 더 찾아보고, 팔로워십에 있어 성공과 실패의 구체적 요인은 무엇인지 토론한다.

② 함께 일하기 싫은 팔로워들의 특성에 대해 토의한다.

③ 함께 일하고 싶은 팔로워들의 구체적 특성을 10가지 이상 도출하고, 그 순위를 매겨 본다.

2) 팔로워십의 개념

리더십(leadership)과 팔로워십(followership)은 조직에서 개별적인 역할을 가지면서도 상호 보완적이고 필수적인 관계를 형성하는 개념이다. 좋은 리더와 좋은 팔로워는 서로에게 긍정적인 영향을 미쳐 팀과 조직의 성과를 극대화하게 된다. 그러나 좋은 리더라도 나쁜 팔로워를 만나면 그 리더의 능력이 저하될 수 있으며, 부족한 리더라도 좋은 팔로워를 만나면 리더의 역량이 개선될 수 있다. 따라서 팔로워는 자신이 속한 조직과 리더가 어떤 성향을 가지고 있건 간에 자신의 역할을 명확히 이해하고 충실히 수행할 필요가 있다.

팔로워십(followership)은 리더십 연구의 오랜 역사 속에서 상대적으로 주목받지 못했던 분야였다. 그간의 리더십 연구는 주로 리더의 특성과 행동에 집중했으며, 팔로워들은 리더의 명령을 따르는 수동적인 역할로 인식되었다. 그러던 중 리더과 부하들 간의 상호관계가 성과에 중요한 요인임을 인식한 학자들이 팔로워십에 대해 연구하기 시작했고, 특히 켈리(Kelly, 1988)는 '리더의 조직 성공 기여도는 20%에 불과하고, 팔로워들의 기여도는 80%에 달한다.'고 하며 팔로워십을 강조했다.

팔로워십(followership)이란 리더십과 비교개념으로 주로 사용되는데, 리더십이 상사가 부하에게 영향력을 행사하는 과정이라면 팔로워십(followership)은 부하로서 바람직한 특성과 행동을 의미한다. 팔로워십은 조직의 경영성과 극대화를 위해 리더와 협력하고 리더의 노력을 지원하는 조력자의 역할로 정의되며(Bjugstad et al., 2006), 리더에게 신뢰를 보내기도 하지만 가끔은 비판과 도전도 주저하지 않는 용감한 구성원의 역할을 의미한다.

즉, 현대의 팔로워십은 전통적인 '부하'의 수직적인 개념을 넘어, 리더와 협력하며 상호 지원하는 동반자의 역할로 재정의된다(Baker, 2007). 이는 팔로워가 단순히 리더의 지시를 따르는 것을 넘어, 조직 목표 달성을 위해 자신의 능력을 최대한 발휘하고 자발적으로 역할을 수행하여 리더를 지원하고 조직에 긍정적인 영향을 미치는 과정으로 설명할 수 있다(장은하, 2021).

팔로워십이란 리더와 협력하며 상호 지원하는 동반자의 역할(Baker, 2007)을 하는 것

팔로워십의 이러한 개념은 팔로워가 독립적으로 사고하고 행동하는 능동적인 존재임을 말한다. 따라서 팔로워는 자신의 전문성을 바탕으로 리더에게 필요한 피드백을 제공하고, 팀이 나아가는 방향에 적극적으로 참여해야 한다. 이는 팔로워십이 단순한 수용적이거나 헌신적인 부하의 역할이 아닌 조직의 성과와 목표 달성에 실질적이고 적극적인 참여를 하는 것임을 의미한다.

3) 리더와 팔로워의 권력 위상

리더와 팔로워의 위상 관계는 조직 내에서 리더와 팔로워가 서로 어떤 위치에 있는지에 따라 다양하게 나타난다. 이를 다음과 같은 세 가지 유형으로 나눌 수 있다.

(1) 리더 지배형

종속형 위상 관계란 리더가 절대 권력을 갖는 경우를 의미한다. 팔로워는 리더의 지시를 따르는 그의 명령에 절대적으로 복종한다. 이 관계는 명확한 상하 관계가 있는 조직에서 주로 볼 수 있으며, 리더의 결정에 대한 복종과 팔로워의 수동적 역할이 강조된다. 주로 팔로워는 독립적인 판단보다는 리더의 방침에 따라 행동하게 된다. 예를 들어, 전통적인 공공 기관이나 군대 같은 조직이 이에 해당한다.

(2) 양자 균등형

양자 균등형은 리더와 팔로워가 서로 대등한 위치에서 협력하며, 권한과 책임을 공유하는 형태의 관계이다. 이 유형은 리더와 팔로워 간 상호 신뢰가 높고, 협력을 통해 함께 목표를 이루고자 할 때 나타난다. 주로 협력적 업무 환경, 혹은 파트너십을 이룰 때 이러한 유형을 볼 수 있게 되며, 이들은 각자 독립적인 역할과 책임을 수행하는 관계로 공동의 목표나 비전을 달성하기 위해 협력하거나, 협상을 통해 권력을 나눌 수도 있다. 이 유형은 스타트업 같은 상호 동등한 조직에서 쉽게 볼 수 있다.

(3) 팔로워 지배형

팔로워 지배형은 팔로워들이 리더보다 더 큰 영향력을 발휘하거나 주도적인 역할을 하는 관계를 말한다. 이 유형에서는 리더가 팔로워들에게 의존하는 경향이 강하며, 리더는 주도적인 결정자가 아니라 팔로워들의 의견을 반영하고 조율하는 지원자 역할에 가깝다. 리더가 해당 분야의 전문성이 부족할 때 팔로워들에게 의존하는 방식으로 나타나기도 한다. 팔로워들은 적극적으로 방향을 제시하거나 의사결정을 주도하며 이 유형은 연구개발팀이나 전문가들이 모인 프로젝트팀에서 자주 볼 수 있다.

4) 팔로워십 유형

켈리의 팔로워십 유형은 팔로워들이 조직 내에서 리더와 어떻게 상호작용하는지를 설명한 이론이다. 그는 팔로워들이 행동과 사고 능력에 따라 다르게 행동할 수 있다는 점을 강조했는데, 이를 바탕으로 팔로워십을 다섯 가지 유형으로 구분했다.

(1) 수동형 팔로워

수동형은 생각과 참여 둘 다 부족한 유형이다. 스스로 판단하기보다는 리더의 지시를 수동적으로 따르며 주로 비판적 사고가 부족하고 문제에 대해 주도적으로 나서지 않는다. 조직 내에서 변화나 혁신을 주도하지 않는 유형으로 주어지는 일만 하는 스타일이다. 그 예로 명령을 받기만 하는 군대의 신병이나 조직의 신입 등이 해당한다.

(2) 순응형 팔로워

이 유형은 리더의 지시와 판단에 순응한다. 주로 지시에 적극적이고 헌신적이지만, 문제나 개선점에 대한 비판적 의견을 제시하지 않는다. 따라서 종종 '예스맨'이라고 불리기도 한다. 상사의 의견에 항상 동의하고 충성하는 직원들이 여기에 속할 수 있다.

(3) 소외형 팔로워

이 유형은 비판적 사고 능력이 높으며 독립적인 유형으로, 조직과 리더에 대한 참여와 동기가 낮다. 스스로 해결책을 제시하거나 조직 발전에 적극적으로 참여하지도 않으며 때로는 침묵으로 일관한다. 이들은 냉소적이며 스스로를 유능하다고 여기도 한다.

(4) 실무형 팔로워

사고와 행동에 있어 중간 유형으로 이들은 상황에 따라 능동적, 수동적으로 행동하거나, 비판적 사고와 순응을 조율한다. 주로 조직 내에서 자신의 생존을 우선으로 여기며, 상황에 따라 필요한 만큼만 임무를 수행한다. 대체로 안정적인 생존을 유지하려는 경향을 보이며 모험과 갈등을 회피한다.

(5) 모범형 팔로워

비판적 사고와 능동적인 참여가 모두 높은 이상적인 팔로워 유형이다. 이들은 리더의 지시에 무조건 따르지 않고 비판적으로 사고하며, 필요할 때는 자신의 의견을 표현하고 문제 해결에 적극적으로 나선다. 조직의 목표와 성과에 기여하려고 하며, 적극적으로 참여하고 협력한다. 이들은 변화를 주도하며 조직 발전에 기여하는 핵심 인재들이 이에 해당한다.

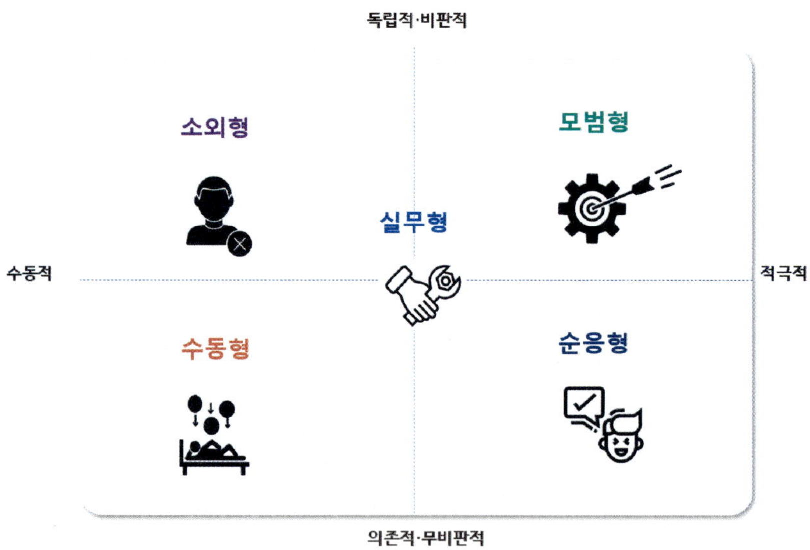

Activity

생각해 봐요!

'광해, 왕이 된 남자' 통해 본 리더십과 팔로워십

"그대들에겐 가짜일지 몰라도 나에게는 진짜다."

추창민 감독의 2012년 작품인 〈광해, 왕이 된 남자〉에서 도부장(김인권 분)이 도망치는 하선(이병헌 분)을 뒤따라오는 이들에게 했던 말이다. 그리고 하선의 탈출을 돕기 위해 홀로 싸우다 죽음을 맞이하게 된다.

영화 속 하선은 광해(이병헌 분)의 대역을 했던 인물로 묘사된다. 도부장은 하선이 진짜 왕을 닮은 가짜였다는 사실을 알게 되었지만 그렇다고 해서 달라질 것은 없었다. 그의 말처럼 자신에게는 진짜였기 때문이다.

도부장의 말과 그에 상응하는 행동은 순간적인 감정이나 잘못된 판단에서 나온 것이 아니다. 이는 그동안 서로가 쌓아 올린 진정성(authenticity)에서 비롯된 것이다. 이는 하선의 진성 리더십(authentic leadership)과 도부장의 모범형 팔로워십(exemplary followership)의 기반이기도 하다.

진성 리더십은 리더의 높은 수준의 자아 인식과 내재화된 도덕적 관점 그리고 균형 잡힌 정보처리 및 관계적 투명성을 통해 팔로워들의 긍정적인 자기 개발을 촉진시키는 리더의 행동유형을 의미한다. 영화 속에서 도부장에게 보여 준 하선의 말과 행동은 이를 설명하는 데 무리가 없다.

이와 함께 영화 속 도부장은 모범형 팔로워십이 발현되는 모습을 잘 투영하고 있다. 모범형 팔로워십은 팔로워의 독립적이고 비판적인 사고와 능동적인 행동에 기반하여 나타나는 윤리적이고 용기 있는 팔로워의 행동유형이라고 할 수 있다.

만일 하선이 잠시 잠깐 주어졌던 왕이라는 직책과 그에 따른 권한에 따라 권위적으로 도부장을 대했다면 절체절명의 순간 도부장의 칼은 하선을 향했을 것이다. 도부장 역시 자신에게 주어진 임무만 수행하는 수준에서 왕을 대했다면 진작에 파직을 면하기 어려웠을 것이다.

그런데 다행히도 그들은 그들에게 주어진 왕과 신하라는 역할을 수행하는 데 필요한 진성 리더십과 모범형 팔로워십을 잘 발휘했다. 그리고 각자 서로에게 지켜주고 싶은 사람으로 남게 되었다.

비록 영화 속 이야기이기는 하지만 조직에서 기대하는 리더와 팔로워의 모습은 하선과 도부장으로부터 찾아볼 수 있다.

팔로워들의 진심어린 공감과 함께하고자 하는 의지를 이끌어 내기 위해 필요한 것은 리더의 진정성이다. 잘 알려진 바와 같이 진정성은 자아성찰과 자기인식에서 비롯된다. 리더의 비전과 가치 등과 같은 철학도 여기에서부터 시작된다.

팔로워들은 리더가 제시하는 비전과 추구하는 가치가 진짜인지 거짓인지 알고 있다. 단지 직접적으로 표현하지 않을 뿐이다. 그리고 리더에게 진정성이 없다고 판단되면 더 이상 헌신하지 않는다. 모범형 팔로워가 수동형(passive) 팔로워나 순응형(conformists) 팔로워 혹은 소외형(alienated) 팔로워로 바뀌게 되는 것이다.

반면 리더의 진정성을 인식한 팔로워들은 모범형 팔로워로 탈바꿈하게 된다. 그동안 다소 부족함이 있었다면 그 점을 개발하고 보완하게 된다. 내재되어 있던 잠재력도 점차 드러나게 된다. 개인을 넘어 조직을 생각하게 되고 협소한 생각과 시야에서 벗어나 리더와 같은 곳을 바라보게 된다.

리더와 같은 꿈을 꾸게 되며 기꺼이 그 여정을 함께하고자 한다. 이와 같은 사례는 역사와 인물 그리고 특정한 상황 등에서 어렵지 않게 접할 수 있다.

그리고 이러한 과정은 자연스럽게 조직 내 리더십과 팔로워십의 선순환을 가져오게 된다. 진성 리더십을 발휘함으로써 모범형 팔로워십을 이끌어 내고 모범형 팔로워십을 통해 다시 진성 리더십이 발휘되는 흐름이다.

따라서 조직과 구성원들이 필요로 하는 진짜 리더와 진짜 팔로워를 구분하려면 진정성이라는 필터가 있어야 한다. 그 필터가 만능은 아니겠지만 적어도 자신이 이끌어야 할 팔로워와 따라야 할 리더를 구분해 줄 수는 있을 것이다.

출처: 아시아엔(2021.11.12.).

생각해 보기

① 역사적 인물과 영화나 드라마 같은 대중문화 속에 등장한 다양한 팔로워의 사례를 찾아보고, 팔로워십 유형에 대해 분석해 본다.

② 과거의 팔로워십과 현대의 팔로워십에는 어떤 차이가 있을까? 예를 들어, 수직적 위계가 강한 조직과 수평적 조직에서 팔로워십이 어떻게 달라질지 생각해 본다.

③ 자신의 성향은 어떤 팔로워십 유형에 가까운지 생각해 보고, 이러한 유형이 자신의 삶이나 미래 진로에서 어떤 장단점이 될지 분석해 본다.

2. 리더십 개발하기

1) 리더십 개발하기

오프라 윈프리는 가난과 학대의 어려움을 겪으며 성장했지만 공감과 소통의 리더십을 발휘하며 성공했다. 마이클 조던 또한 고교 시절 농구팀에서 탈락하는 등 시련과 실패를 겪었지만 이러한 경험을 성장의 계기로 삼았다. 이러한 예시들은 리더십 개발이 어려운 상황을 극복하고 개인적 성장을 이루는 데 큰 힘이 된다는 것을 알려 준다.

현대 리더십 연구에 공헌한 베니스(Warren G. Bennis)는 '리더는 태어나는 것이 아니라 만들어 진다'라고 하였다. 그는 리더십 개발을 위해 지속적인 학습과 자기 이해가 중요하며, 리더로서의 자기 인식을 높이는 것이 핵심이라고 강조했다. 리더십의 첫 단계인 자기 인식(self-awareness)은 자신의 감정과 욕구를 인식하고, 강점과 약점을 다스릴 수 있게 하며 이는 리더십의 기본이 된다. 이후 타인과의 관계를 통해 자신감을 키우고 의사소통 능력을 향상하는 과정을 통해 팀워크와 문제 해결 능력도 함께 기를 수 있다. 이는 학업이나 단체 활동에서 효과적으로 협력할 수 있도록 도움을 주며, 직무에 필요한 여러 역량을 미리 경험하게 해 준다.

이처럼 리더십 개발 경험은 학업이나 단체 활동에서 효과적으로 행동할 수 있게 해 줄 뿐 아니라, 이후 직무에서 필요한 역량을 미리 연습할 수 있도록 한다. 이러한 경험은 사회적 성공을 위한 밑바탕이 될 뿐 아니라, 개인적 성장에도 매우 중요하다 할 수 있다.

2) 성공하는 사람들의 7가지 습관

스티븐 코비(Covey, 1994)는 '성공하는 사람들의 7가지 습관'을 통해 자기 관리와 대인관계에서의 효과성을 높이기 위한 핵심 원칙을 제시했다. 그는 성공한 사람들은 원칙(principle)이 있다고 설명했는데, 그들은 단순히 목표를 성취하는 것에 그치지 않고 내면의 가치와 원칙을 기반으로 삶을 설계하며 지속적인 성장을 추구한다고 하였다. 코비가 설명한 성공한 사람들의 삶을 이끌어 가는 습관은 다음과 같다.

(1) 주도적이기(Be Proactive)

주도적으로 행동하는 사람은 자신의 감정과 반응을 외부 요인이 아니라 내부의 선택에 의해 결정한다. 그들은 자극이 있을 때 습관적으로 '반응'하기보다 잠시 멈추어 생각하는 습성이 있다. 주로 자신의 가치관에 따라 반응을 선택하거나, 문제를 해결할 수 있는 부분에 집중한다. 예를 들어, 어려운 상황에 부닥쳤을 때 환경을 탓하고 좌절하기보다는 자신이 통제력을 갖기 위해 노력한다. 그들은 감정에 좌우되지 않고, 상황에 있어 올바른 선택을 통해 행동한다.

(2) 목표를 확립하고 행동하기(Begin with the End in Mind)

이는 목표를 미리 생각하고 상황을 설계하며 행동하는 것이다. 자신이 궁극적으로 이루고 싶은 모습을 구체적으로 설정하고, 그에 따라 일관성 있게 행동하는 것이 핵심이다. 스티븐 코비는 자신의 목표나 가치관을 바탕으로 한 '사명 선언문'을 작성하고, 매일 목표를 되새기며 일상에서 그 목표와 일치하는 결정을 내리는 것을 강조했다.

(3) 소중한 것부터 먼저 하기(Put First Things First)

'소중한 것부터 먼저 한다'는 자신에게 진정으로 중요한 가치와 목표에 집중하는 것을 의미한다. 만약 별로 중요하지 않은 일에 시간과 에너지를 사용하고 있다면 이에 대해 고민하고 우선순위를 재조정하는 것이다. 즉, 중요한 가치를 위한 일을 우선시하는 태도가 핵심이며, 이를 위해 잠시 시간을 내서 '지금, 이 순간 중요한 것이 무엇일까'를 탐색하는 과정이 필요하다.

(4) 윈-윈을 생각하기(Think Win-Win)

대인관계에 있어 진정한 성공이란 타인을 희생하지 않고 나의 이익과 상대방의 이익을 동시에 추구하는 것이다. 대인관계의 상호작용에는 자기부정-타인긍정, 자기긍정-타인부정, 자기부정-타인부정, 자기긍정-타인긍정의 네 가지 패러다임이 있다(윤대혁, 1999). 효과적인 대인관계를 위해서는 자신과 타인의 이익을 동시에 고려하는 것이 바람직하며, 이러한 윈-윈의 사고방식은 상호 이익을 고려하며 협력적 태도를 통해 모두가 만족하는 결과를 만들도록 한다. 이 습관을 통해 원만한 인간관계뿐만 아니라 폭넓은 시야도 갖게 된다.

(5) 먼저 이해하고, 이해시킨다(Seek First to Understand, Then to Be Understood)

진정한 소통은 상대의 입장과 감정을 충분히 이해하는 것에서 시작한다. 인간관계에서 경청은 꽤 효과적인데, 사람은 자신의 이야기를 잘 들어주는 이에게 호감을 느끼고 신뢰하기 때문이다. 이 과정은 상대의 정보와 감정을 더 깊이 이해할 수 있는 이점도 제공한다. 설득이나 갈등 해결에서도 자신의 입장을 일방적으로 주장하는 것보다는 경청을 통해 상대를 이해하고, 그 후에 자신의 생각을 명확히 전달하는 것이 원활한 의사소통을 이끌어 낸다. 이러한 공감적 경청은 갈등 해결과 관계 형성에 중요한 역할을 한다.

(6) 시너지를 낸다(Synergize)

시너지는 서로 다른 강점을 결합하여 더 나은 결과를 창출하는 것이다. 자신과 사람들의 차이를 존중하고, 다양한 의견과 관점을 공유하며 문제 해결을 하는 태도를 통해 시너지가 나올 수 있다. 이를 통해 새로운 아이디어나 탄생하며, 신뢰를 통한 팀워크가 가능해진다.

(7) 심신을 단련하기(Sharpen the Saw)

심신을 단련한다는 것은 지속적 자기 발전의 노력과 균형 잡힌 성장을 의미한다. 이는 단기적인 성과만을 추구하는 것이 아니라, 신체적, 정신적, 정서적, 영적 영역을 모두 아우르는 전인적 성장을 하는 것을 말한다. 식습관 관리와 운동 등을 통해 건강한 신체를 관리하고, 지속적 학습을 통해 사고의 폭을 넓히며, 마음 건강 관리를 통해 생각과 감정을 인식하고 조절할 수 있게 된다. 그리고 영적 관리를 통해 세상에 하나뿐인 나에 대해 깊이 이해하고 존중하는 마음을 갖을 수 있으며 이는 명상과 독서, 일기 쓰기 등의 방법을 통해 할 수 있다. 이러한 통합적인 성장을 통해 리더십을 지속해서 발휘할 수 있는 자원을 확보할 수 있게 된다.

Activity

생각해 보기

① 자신의 가치와 목표

현재 내가 이루고자 하는 가장 중요한 목표는 무엇인가? 이 목표를 이루기 위해 내가 우선시해야 할 것은 무엇일까?

② 균형 잡힌 성장

몸, 마음, 감정, 영적 영역 중 내가 상대적으로 소홀한 영역은 무엇이고 이를 더 균형 있게 성장시키기 위해 시도해 볼 것을 생각해 본다.

③ 경청과 공감

내가 타인에게, 혹은 타인이 나에게 깊이 공감했던 경험을 떠올려 본다. 그때 어떠한 마음이 들었는지 생각하고 발표해 본다. 만약 떠오르지 않는다면 상대를 진심으로 이해하며 소통하는 경험을 위해 필요한 것이 무엇이 있을지 생각해 본다.

④ 변화와 혁신

나의 일상이나 현재 상황에서 조금씩 변화시키고 싶은 부분이 있다면 무엇일까? 그 변화를 이루기 위해 매일 실천할 수 있는 작은 한 가지를 생각해 본다.

참고문헌

김경수, 서명구, 김광숙, 배현숙, 조용석, 김형진 외(2014). 카리스마적 리더십이 부하의 자발적 수용에 미치는 영향: 3-way 상호작용 효과의 검증. **조직과 인사관리연구**, 38(3), 33-67.

김경수, 서명구, 조용현, 김광숙, 배현숙, 조용석 외(2015). 카리스마적 리더십이 부하의 자발적 수용에 미치는 영향: 자긍심의 매개 효과 검증. **기업경영연구**, 22(4), 67-83.

김미예, 옥경영(2021). MZ세대의 소비자책임인식, 소비자교육이 지속가능소비에 미치는 영향: 기업책임행동의 매개효과를 중심으로. **소비자정책교육연구**, 17(3), 63-82.

김민지(2024). 무용전공대학생의 성장마인드셋이 셀프리더십과 회복탄력성에 미치는 영향. 숙명여자대학교 대학원 석사학위 논문.

김용남(2022). 호텔서비스환경이 욕구해결과 자기효능감에 미치는 영향－매슬로우 욕구이론과 COVID-19를 중심으로－**호텔리조트연구**, 21(4), 183-194.

김은철, 금진호, 박수미, 서현경, 송숙이, 김명희, 김선애(2024). **챗 gpt시대의 비판적 사고와 논리**. 경기: 양성원.

김종운, 박성실(2013). **만남 그리고 성장을 위한 인간관계 심리학**. 서울: 학지사.

김창호(2021). 카리스마적 리더십이 LMX에 미치는 영향: 개인 성격유형의 조절효과. 중앙대학교 산업창업경영대학원 석사학위논문.

김태정(2023). 상사의 감성리더십이 조직시민행동에 미치는 영향: 자기효능감의 매개효과. 한국기술교육대학교 IT융합과학경영산업대학원 석사학위논문.

김현수(2021). ESG 경영성과에 대한 연구의 현황과 발전방향 -한국과 중국을 중심으로-. **한중사회과학연구**, 19(3), 64-83.

남윤정(2024). 밀레니얼 세대와 Z세대의 특성과 팔로워십이 조직몰입에 미치는 영향: 직무만족의 매개효과와 세대 간 차이분석. **한국진로창업경영학회지**, 8(5), 261-288.

민정아(2023). 코칭리더십이 조직 구성원의 심리적 안전감과 혁신행동에 미치는 영향에 관한 연구. **글로벌경영학회지**, 20(2), 42-64.

박경록, 라미경(2016). NCS를 위한 Core 핵심 리더십 개발. 서울: 한올출판사.

박문수(1996). 팀 효과성의 결정요인에 관한 실증적 연구. 고려대학교 경영대학원 미간행 석사학위논문.

박윤나, 한상린(2021). 기업의 ESG 활동이 기업 이미지, 지각된 가격 공정성 및 소비자 반응에 미치는 영향. 경영학연구, 50(3), 643-664.

박지영(2023). 윤리적 리더십이 조직몰입 및 조직시민행동에 미치는 영향: 상사신뢰와 절차 공정성의 매개효과. 중앙대학교 심리서비스대학원 석사학위논문.

박현욱, 유수동(2023). 변혁적 리더십이 적극행정에 미치는 영향: 공공봉사동기와 목표 명확성의 매개효과를 중심으로. 한국인사행정학회보, 22(1), 1-31.

박형수, 문국경, 배석환, 김정서(2023). 공공조직에서 변혁적 리더십과 조직시민행동 간의 관계에 대한 다수준 (multi-level) 분석: 세대 간 차이가 미치는 조절효과를 중심으로. 공공정책과 국정관리, 16(4), 67-100.

백기복(2005). 리더십 리뷰. 서울: 창민사.

백기복, 신제구, 김정훈(2013). 리더십의 이해. 서울: 창민사.

손성철, 정범구, 주지훈(2013). 조직 리더십 유효성 척도에 관한 연구. 인적자원개발연구, 16(1), 147-185.

신명숙 외(2003). 대학생과 리더십. 서울: 학지사.

양아람, 서현령(2019). 옆집 언니가 알려 주는 우울증 극복 설명서. 서울: 청춘미디어.

우성민(2021). 상사의 코칭리더십이 조직구성원의 직무성과와 이직 의도에 미치는 영향: 직무자율성과 직원몰입의 매개효과를 중심으로. 한국기술교육대학교 박사학위논문.

우은주(2023). 관광산업 분야 ESG(Environment Social Governance)를 위한 시론적 연구. 문화기술의 융합, 9(3), 239-247.

위자명(2022). 카리스마적 리더십이 부하의 창의력에 미치는 영향에 관한 연구: -세대 간 차이를 중심으로-. 상명대학교 일반대학원 석사학위논문.

윤대혁(1999). 인간관계론. 서울: 학지사.

윤두아(2007). 20-40대 여성의 대인관계 Ego gram과 이미지메이킹-셀프마케팅의 관계 연구. 숙명여자대학교 대학원 석사학위논문.

윤종우(2010). 변혁적/거래적 리더십이 조직몰입에 미치는 영향에 관한 연구 팀/직무/개인 특성의 조절효과를 중심으로. 단국대학교 대학원 석사학위논문.

이명진(2022.09.16.). 칼럼, 히틀러와 처칠의 리더십. 펜앤드마이크 (http://www.pennmike.com).

이민식(2006). Change 마음과 대화 기초 워크숍 교재.

이상명(2013). 간호사의 팀워크스킬과 팀효과성과의 관계. 부산가톨릭대학교 일반대학원 석사학위논문.
이상우(2024). MZ세대 호텔기업 구성원의 팔로워십이 창의적 행동과 이직의도에 미치는 영향. **인문사회과학연구**, 32(2), 369-385.
이상호(2021). 중소기업 관리자의 카리스마 리더십이 조직 구성원 자기 효능감에 미치는 영향. 서강대학교 교육대학원 석사학위논문.
이재희(2016). **리더십프레임**. 서울: 한올출판사.
이재희, 임영수, 이채은, 김경진, 이지현, 진서현(2018). **(NCS 직업기초) Up 대인관계능력**. 경기: 양성원.
이재희, 임영수, 이채은, 이지현, 김경진(2016). **(NCS 직업기초) Up 대인관계능력**. 경기: 양성원.
이지영(2014). **나는 왜 감정에 서툴까?** 서울: 청림출판.
이호선, 윤종우(2011). 변혁적 리더십과 거래적 리더십의 영향력 비교 연구-조직몰입에 미치는 팀/직무/개인 특성의 조절효과. **산업연구**, 35(1), 1-26.
이호선, 장수욱(2011). 변혁적 리더십과 거래적 리더십의 효과에 부하의 감성지능이 미치는 영향. **산업연구**, 30, 1-22.
임미나, 신나나(2020). 유아의 창의적 행동특성에 물리적, 심리적 가정환경이 미치는 영향: 유아의 내적 동기와 외적 동기의 매개효과. **인지발달중재학회지**, 11(4), 1-21.
임창희(2015). **조직행동**(제5판). 서울: 비앤엠북스.
장은하(2021). 국내 기업 근로자가 인식하는 밀레니얼 리더십과 밀레니얼 팔로워십 유형분석 및 유형 간 주관적 경력 성공 인식 차이 분석, 고려대학교 대학원 박사학위논문.
전연희(2016). 기업용 SNS 활용이 커뮤니케이션, 팀워크 그리고 업무성과에 미치는 영향. 울산대학교 경영대학원 석사학위논문.
정도성(2017). **최고의 서비스 기업은 어떻게 가치를 전달하는가: 서비스는 고객 만족이 아니다, 가치 전달이다**. 경기: 갈매나무.
정성범(2020). 리더의 카리스마 리더십과 리더 신뢰와의 관계. **한국지방자치연구**, 22(2), 101-122.
정승우, 김경수, 조용석(2022). 카리스마적 리더십에 대한 연구: 집단분석수준을 중심으로. **경영컨설팅연구**, 22(1), 131-144.
조용석(2021). 카리스마적 리더십 이론의 검증: 개인과 집단분석수준을 중심으로. 전남대학교 박사학위논문.
조인숙(2024). 조직지원인식이 일 몰입과 종업원 창의성에 미치는 영향: 내재적 동기부여의 조절된 매개효과. 가천대학교 글로벌캠퍼스 일반대학원 박사학위논문.

한국산업인력공단(2021). **NCS 직업기초능력 가이드북 직업윤리(학습자용)**. 서울: 진한엠앤비.

한은미, 서영복, 이용규(2019). **(마음을 움직이는) 글로벌 리더십**. 경기: 수양재.

허혜민(2024). 학업상황에서 목표 추구의 무의식적 과정에 대한 연구. 경상국립대학교 대학원 박사학위논문.

홍경자(2007). **자기주장의 심리학**. 학지사: 이너북스.

홍경자(2016). **의사소통의 심리학**. 학지사: 이너북스.

Agarwal, A. U. (2014). Linking Justice, Trust and Innovative work behavior to work engagement. *Personal Review, 43*(1), 41-73.

Amabile, T. M. (1996). *Creativity in Context: Update to the Social Psychology of Creativity.* New York: Westview Press.

Baker, S. D. (2007). Followership: The theoretical foundation of a contemporary construct. *Journal of Leadership & Organization studies, 14*(1), 50-60.

Bass, B. M. (1985). *Leadership and performance beyond expectations.* New York: Free Press

Bass, B. M. (1990). From transactional to transformational leadership: Learning to share the vision. *Organizational Dynamics, 18*(3), 19- 31.

Bass, B. M. (1999). Two Decades of Research and Development in Transformational Leadership. *European Journal of Work and Organizational Psychology, 8*(1), 9-32.

Bass, B. M., & Steidlmeier, P. (1999). Ethics, character, and authentic transformational leadership behavior. *The Leadership Quarterly, 10*(2), 181-217.

Bjugstad, K., Thach, E. C., Thompson, K. J., & Morris, A. (2006). A fresh look at followership: A model for matching leadership and followership styles. *Journal of Behavioral and Applied Management, 7*(3), 304-319.

Brackett, M & Kremenitzer, J. (2011). *Creating emotionally literate classrooms: An Introduction to the RULER Approach to social and emotional learning.* Port Chester, NY: Dude Publishing.

Brown, M. E., & Trevino, L. K. (2006). Ethical leadership: A review and future directions. *The Leadership Quarterly, 17*(6), 595-616.

Brown, M. E., Trevino, L. K., & Harrison, D. A. (2005). Ethical leadership: A social learning perspective for construct development and testing. *Organizational Behavior and Human Decision Process, 97*(2), 117-134.

Burns, J. M. (1978). *Leadership* (1st ed.). New York, NY: Harper & Row.

Conger, J. A., & Kanungo, R. N. (1987). Toward a Behavioral Theory of Charismatic Leadership in Organizational Settings. *Academy of Management Review, 12*(4), 636-648.

Conger, J. A., & Kanungo, R. N. (1998). *Charismatic Leadership In Organizations.* Thousand. Oaks: Sage.

Deci, E. L., & Ryan, R. M. (1985). *Intrinsic motivation and self-determination in human behavior.* NY: Plenum Press.

Edmonson, A. C. (1999). Psychological safety and learning behavior in work teams. *Administrative Science Quarterly,* 44, 350-383.

Ellinger, A. D., Ellinger, A. E., & Keller, S. B. (2003). Supervisory Coaching Behavior, Employee Satisfaction, and Warehouse Employee Performance: A Dyadic perspective in the distribution industry. *Human Resource Development Quarterly, 4*(4), 435-458.

Friedland, W. H. (1964). For a sociological concept of charisma. *Social Forces, 43*(1), 18-26.

Glasser, W. (1999). **결혼의 기술.** [Staying together] (우애령 역). 서울: 하늘재(원저출간: 1995).

Goleman, D. (1995). *Emotional intelligence.* NY: Bantam Books.

Goleman, D., Boyatzis, R., & Mckee, A. (2002). *Primal leadership.* Boston: Harvard Business School Press.

Greenberg, M., Kusche, C., & Riggs, N. (2004). The PATHS curriculum: Theory and research on neurocognitive development and school success, In J. E. Zins, R. Weissberg, M Wang & H. Walberg (Eds.) *Building academic success on social and emotional learning: What does the research say?* (pp. 170-188). New York, NY: Teachers College Press.

Greene, R. (2012). **유혹의 기술.** [The Art of Seduction] (강미경 역). 서울: 웅진지식하우스(원저출간: 2001).

Hill, C. E. (2006). **합의적 질적 연구: 사회과학 현상 탐구의 실질적 접근.** [Helping skills: facilitating exploration, insight, and action] (주은선 역). 서울: 학지사(원저출간: 1999).

Hogan, R., Curphy, G. J., & Hogan, J. (1994). What We Know about Leadership. Effectiveness and Personality. *American Psychologist,* 49(6), 493-504.

House, R. J. (1977). A path goal theory of leader effectiveness. *Administrative Science Quarterly, 16*(3), 321-339.

Howard, P. J. & Howard, J. M. (2000). *The Owner's Manual for Personality at Work: How the Big Five Personality Traits Affect Your Performance, Communication, Teamwork, Leadership, and Sales Paperback.* Austin, TX: Bard Press.

Howard, P. J. & Howard, J. M. (2014). 빅 파이브(마음을 읽는 지도). [Owner's manual for personality at work] (이호은 역). 서울: 타임스퀘어(원저출간: 2000).

Howell, J. M., & Higgins, C. A. (1990). Champions of technological innovation. *Administrative Science Quarterly,* 35, 317-341.

Jung, D. I., & Avolio, B. J. (2000). Opening the Black Box: An Experimental Investigation of the Mediating Effects of Trust and Value Congruence on Transformational and Transactional Leadership. *Journal of Organizational Behavior, 21*(8), 949-964.

Katzenbach. J. R., & Smith, D. K. (1993). *The wisdom teams: Creating the high performance organization.* Boston, MA: Harvard Business School Press.

Kim, K. S., Dansereau, F., & I. S. Kim. (2002). Extending The Concept Of Charismatic Leadership: An Illustration Using Bass's (1990) Categories. In Avolio, B. J. & F. J. Yammarino (Eds.), *Transformational And Charismatic Leadership: The Road Ahead,* (pp. 143-172). Oxford: Elsevier Science Ltd.

Kotter, J. P. (1990). *A Force for Change: How leadership differs from management.* New York: Free Press, 3-8.

Likert, R. (1979). The nature of highly effective groups. In D. A. Kolb, I. M. Robin, & J. M. McIntyre (Eds.), *Organizational Psychology* (3rd ed.), (pp. 223-236). Englewood Cliffs: Prentice-Hall.

Manz, C. C. (1986). Self-leadership: Toward an expanded theory of self-influence processes in organizations. *Academy of Management re-view, 11*(3), 585-600.

Manz, C. C., & Sims, H. P. Jr. (1990). *Super leadership: Leading others to lead themselves.* New York: Berkeley.

Manz, C. C., & Sims, H. P. Jr. (1995). *Business without bosses: How self-managing teams are building high-performing companies.* New York: Wiley.

Neck, C. P., & Houghton, J. D. (2006). Two decades of self -leadership theory and research: Past developments, present trends, and future possibilities. *Journal of managerial psychology, 21*(4), 270-295.

Petri, H. L. (2001). **동기: 이론, 연구 그리고 활용.** [Motivation: theory, research, and applications] (박소현, 김문수 역). 서울: 시그마프레스(원저출간: 1996).

Rafaeli, A. & Worline, M. (2001). Individual emotion in work Organizations. *Social Science Information, 40*(1), 95-123.

Rogers, C. R. (1977). *Carl Rogers on personal power.* New York: Delacorte Press.

Salas, E., Sims, D. E., & Burke, S. C. (2005). Is there a "big five" in teamwork? *Small Group Research, 36*(5), 555-599.

Sesen, H., Tabak, A., & Arli, O. (2017). Consequences of self-leadership: A study on primary school teachers. *Educational Sciences: Theory & Practice, 17*(3), 945-968.

Sibusio P. S. Mhlongo (2013). *Winning in job interviews.* Bloomington: Xlibris.

Treviño, L. K., Hartman, L. P., & Brown, M. (2000). Moral person and moral manager: how executives develop a reputation for ethical leadership. *California Management Review, 42*(4), 128-142.

Ury, W. (2016). **하버드는 어떻게 최고의 협상을 하는가.** [Getting to yes with yourself: and other worthy opponents] (박미연 역). 서울: 트로이목마(원저출간: 2015).

Weber, M. (1921). *Economy and Society: An Outline of Interpretive Sociology* (2 Vols.). Berkeley, CA: University of California Press.

Yammarino, F. J., & Bass. B. M. (1990). Long Term Forecasting of Transformational Leadership and Its Effects among Naval Officers: Some Preliminary Findings. in Clark, K. E. & Clark, M. B.(eds.), *Measures of Leadership, West Orange,* (pp. 151-169). NJ: Leadership Library of America.

Yoon, B., Lee, J. H., & Byun, R. (2018). Does ESG performance enhance firm value? Evidence from Korea. *Sustainability, 10*(10), 1-18.

[네이버 지식백과] 의사소통 유형(두산백과) 참조

[네이버 지식백과] 콜버그의 도덕 발달 이론 [Kohlberg's theory of moral reasoning] 심리학 용어사전, 2014. 4.

뉴스앤조이(2011.04.26.). 리더십의 역사와 영적 리더십.

매일경제(2020.03.18.). [심리학 교실] 생명 불어넣는 칭찬·격려의 힘…'피그말리온 효과'

부산제일경제(2022.11.02.). MZ세대 '착한 소비'는 일상… "취업 때도 ESG 경영 고려"

사례뉴스(2023.09.06.). 팀원들에게 최고의 리더가 되고 싶다면? '이것'을 해라!

아시아엔(2021.11.12.) '광해, 왕이 된 남자' 통해 본 리더십과 팔로워십.
조선닷컴(2010.12.04.) '거침없이 하이킥'의 시어머니처럼 나무라지 말고 스스로 깨닫게 하라.
조선비즈(2010.01.22.). [이코노미플러스] 호암 이병철 vs 아산 정주영 리더십 입체 비교.
중앙일보(2016.03.30.). EQ(감정적 지능지수)가 높은 사람들의 10가지 특징.
한국경제인연합회(2023.04.10. 보도자료). MZ세대의 기업(인) 인식조사.

찾아보기

인명

내용

[ㄱ]

[ㄴ]

[ㄷ]

[ㄹ]

[ㅊ]

[ㅋ]

[ㅌ]

[ㅍ]

[ㅎ]

[기타]

저 / 자 / 소 / 개

■ 서현경

경기대학교 서비스경영전문대학원 서비스컨설팅 박사 수료
현) 한양여자대학교, 한국폴리텍대학 교양학부 외래교수

■ 금진호

한남대학교 대학원 교육학석사
현) 목원대학교 창의교양학부 겸임교수

■ 김명희

부경대학교 일반대학원 교육학박사(HRD 전공)
현) 대동대학교 간호학부 초빙교수

■ 김한수

경상국립대학교 대학원 문학박사
현) 전북과학대학교 간호학과 교수

■ 김향남

조선대학교 대학원 문학박사
현) 동강대학교 겸임교수

■ 정일동

계명대학교 대학원 교육공학, 교육심리 박사 수료
현) 경북과학대학교 교수

세계를 품는 글로벌 리더십

1판 1쇄 인쇄 — 2025년 2월 3일
1판 1쇄 발행 — 2025년 2월 7일

저　　자 - 서현경 금진호 김명희 김한수 김향남 정일동
발 행 인 - 강철원
발 행 처 - 양성원
주　　소 - 경기도 파주시 검산로 173번길 29-12
전　　화 - 031-946-3861(代)
팩　　스 - 031-946-3864
이 메 일 - tnwpub@naver.com
홈페이지 - tnwpub.co.kr
출판등록 - 2015년 8월 31일 제 2015-000211 호

ISBN 979-11-6126-604-6

정가 22,000원